STEVE BLOUNT UND LISA WALKER

Bahamas

Nassau und New Providence Island

TAUCH- UND SCHNORCHELFÜHRER

JAHR VERLAG HAMBURG

STEVE BLOUNT UND LISA WALKER

Bahamas
Nassau und New Providence Island

JAHR VERLAG HAMBURG

Alle Informationen in diesem Buch wurden sorgfältig ermittelt und waren zur Zeit der Drucklegung gültig. Jedoch können sich bei Benutzung des Buches beispielsweise durch Bautätigkeit Landmarken verändert haben, durch Wettereinflüsse Riffe umgestaltet sein, Tauchgeschäfte nicht mehr in Betrieb sein und so weiter. Für Ihre Hinweise sind wir im Hinblick auf weitere Ausgaben dankbar.

Autoren und Verlag machen ausdrücklich darauf aufmerksam, daß es zum Schnorcheln einer fachkundigen Einweisung bedarf. Tauchen mit Gerät sollte man ausdrücklich nur nach erfolgreicher Teilnahme an einem Tauchkurs, der von einem lizenzierten Tauchlehrer durchgeführt und mit dem Erwerb eines offiziellen Tauchscheins (Brevet) abgeschlossen wurde.

Die Deutsche Bibliothek - CIP-Einheitsaufnahme
Bahamas / [Übers.: Aquapress Jörg Keller]. - Hamburg : Jahr.
Einheitssacht.: Diving and snorkeling guide to the Bahamas <dt.>
NE: EST
Nassau und New Providence Island / Steve Blount und Lisa Walker. - 1997
ISBN 3-86132-208-0
NE: Blount, Steve

© 1985 Pisces Books Inc.
© 1995 Gulf Publishing Company, Houston, Texas
Titel der Originalausgabe:
Diving and Snorkeling Guide to The Bahamas
Nassau and New Providence Island

Alle Fotos von den Autoren, sofern nicht anders vermerkt.

Übersetzung: aquapress jörg keller
Lektorat: Jörg Keller
Umschlaggestaltung: Isabel Jahr
Titelfoto: Kurt Amsler
Satzherstellung: Partner Satz GmbH, Hamburg

Alle Rechte in deutscher Sprache

Jahr Verlag GmbH & Co.
22767 Hamburg
Telefon 040/38906-0
Telefax 040/38906-302

Alle Rechte, auch die der Übersetzung, der Verfilmung, des Vortrages, der Rundfunksendung und Fernsehübertragung sowie der fotomechanischen Wiedergabe, vorbehalten.

ISBN 3-86132-208-0

Inhalt

Zum Gebrauch dieses Führers   7
Bewertungskriterien für Taucher und Tauchgänge

1 Die Bahamas als Teil der Neuen Welt   8

2 Überblick über New Providence Island   12
An- und Einreise, Hotels, Shopping 16 • Geschichte und Sehenswürdigkeiten 20

3 Tauchen auf New Providence Island   22
Tauchen an der Nordküste 24 • Tauchen an der Südküste 26 • Umweltschutz und der Bahamas Marine Park 28

4 Tauchplätze von New Providence   30
Einstufung der Tauchplätze 32 • Clifton Wall 34 • Wrack „Will Laurie" 38 • Will Laurie Wall 40 • The Sand Chute 42 • Die Filmwracks 44 • 20 000 Meilen 48 • Porpoise Pens 50 • Cessna-Wrack 52 • Pumpkin Patch 54 • The Runway 56 • The Buoy 58 • LCT-Wrack 62 • Trinity Caves 64 • Wrack „Mahoney" 66 • Thunderball Reef 68 • Wrack „Alcora" 70 • Balmoral Island 72

5 Gefährliche Meerestiere   74

6 Sicherheitsratschläge   78

Anhang: Tauchbasen auf New Providence   79

Index   80

Zum Gebrauch dieses Führers

Die Insel New Providence stellte einen der ersten Anlaufpunkte der spanischen Eroberer in der Neuen Welt dar. Heute erobern hier die Taucher ihre „neue Welt". Dieser Führer will ihnen dabei behilflich sein. In Kapitel 1 wird eine kurze Einführung in die Geschichte des Inselreichs gegeben, in Kapitel 2 ein Überblick über New Providence und Nassau zusammen mit Informationen über die An- und Einreise, Einreisebestimmungen, Sightseeing, Restaurants und Einkaufsmöglichkeiten. Kapitel 3 beschreibt die Tauchmöglichkeiten rund um die Insel, und Kapitel 4 enthält detaillierte Beschreibungen und Fotos einer Reihe von Tauchplätzen.

Ein großer Teil der Flachgewässer um New Providence herum ist von der bahamesischen Regierung zum Schutzpark erklärt worden. Dort ist das Harpunieren sowie das Entnehmen von Muscheln, Korallen oder anderer Lebewesen verboten. Die Grenzen des Schutzparks sind in der Karte auf Seite 33 angegeben.

Bewertungskriterien für Taucher und Tauchplätze

Wir haben alle Tauchpätze unter dem Aspekt der taucherischen Fähigkeiten eingeteilt und unterscheiden dabei drei Stufen: Anfänger, Fortgeschrittene und erfahrene Taucher. Als Anfänger wird betrachtet, wer kürzlich das Basistraining erfolgreich absolviert hat oder wer nur einmal jährlich während seines Urlaubs taucht. Der erfahrene Taucher hat bereits weiterführende Folgekurse („Specials") absolviert und praktiziert das Tauchen intensiver als nur einmal jährlich. Dazwischen gibt es natürlich Übergangsstufen, die wir als „fortgeschritten" definieren.

Daneben gibt es andere Faktoren, die bei dieser Einstufung nicht berücksichtigt worden sind: die physische Kondition des Tauchers, die Art der Tauchplätze, an denen er seine Erfahrungen gesammelt hat, und die Vertrautheit mit dem Wasser, das heißt die Sicherheit, die der einzelne beim Tauchen empfindet. Diese Faktoren muß jeder Taucher selbst für sich beurteilen.

Manche Tauchbasen verlangen nicht die Vorlage eines Tauchscheins („Brevet"), sondern bestehen auf einem praktischen Check-Tauchgang. Eine wachsende Zahl von Basen sind auch dazu übergegangen, sich anhand des Logbuchs einen Eindruck von den Fähigkeiten und Erfahrungen des Tauchers zu verschaffen. Ohne laufend geführtes Logbuch betrachten sie den Taucher unabhängig von den vorgelegten Brevets oder den behaupteten Erfahrungen als Anfänger und schließen ihn deshalb von bestimmten Tauchgängen aus.

◀ **Seeruten, Peitschenkorallen und Schwämme in allen Formen und Farben – die Unterwasserwelt der Bahamas ist eine unerschöpfliche Quelle des Staunens für alle Taucher.**

1

Die Bahamas als Teil der Neuen Welt

Im Jahre 1992 feierten alle amerikanischen Staaten den 500. Jahrestag der Entdeckung des Kontinents durch Christoph Kolumbus. Am meisten gefeiert wurde dieses Ereignis aber auf den Bahamas. Die meisten Amerikaner wissen gar nicht, daß Kolumbus auf einer kleinen Insel am südlichen Ende der heutigen Bahamas zum ersten Mal den Fuß auf amerikanischen Boden setzte. In einem Brief an den spanischen König schrieb er: „Die Strände sind schön mit luftigen Palmbäumen bestanden, in deren Schatten die Luft köstlich erfrischend ist, und die Vögel und Blüten sind ungewöhnlich und wundervoll. Ich war so entzückt über diese Szenerie, daß ich beinahe zum Entschluß gekommen wäre, hier für den Rest meiner Tage zu bleiben; denn glauben Sie mir, Sire, diese Länder übertreffen in ihrer Schönheit und Annehmlichkeit den gesamten Rest der Welt." Für die Reisenden von heute sind die Aussagen von Kolumbus noch genauso zutreffend, wie sie es vor 500 Jahren gewesen sind.
Bald nach ihrer Ankunft versklavten Kolumbus und seine Nachfolger die Lucayan-Indianer, die das Gebiet besiedelten, und verschifften sie nach Hispaniola, wo sie in den Goldminen arbeiten mußten. Bald war die gesamte Rasse ausgelöscht.
Nach der Entdeckung durch Kolumbus wurden die Bahamas von Ponce de León intensiv erforscht. Ponce de León begleitete Kolumbus auf dessen zweiter Reise in die Neue Welt und kehrte 1513 ein weiteres Mal mit eigenen Schiffen zurück, um nach dem sagenhaften Jungbrunnen zu suchen. Fernando de Herrera, einer seiner Gefolgsleute, nannte das Gebiet „Bajamar", die spanische Bezeichnung für flaches Gewässer. Das Wasser war so klar, daß es sogar dort flach erschien, wo der Meeresgrund tiefer lag.
Die Lage der Bahamas ist ideal: Sie breiten sich unter dem Wendekreis des Krebses aus und liegen entlang des Golfstroms, was beides zu den nahezu idealen Wetterbedingungen beiträgt. Mit einer mittleren Wintertemperatur von 22 Grad Celsius und einem sommerlichen Durchschnitt, der durch die Passatwinde bei 28 Grad gehalten wird, ist der Inselstaat der Bahamas das perfekte Reiseziel für Touristen, die einen Platz suchen, an dem ein Jungbrunnen wegen des Klimas eigentlich unnötig erscheint. Es dauert nicht lange nach der Ankunft, bis die Uhr nach der bahamesischen Zeit zu ticken beginnt und das Gemüt sich schrittweise beruhigt.
Heutzutage ist das klare Wasser, das Herrera zu seiner Namensgebung anregte, zu einem Mekka für Taucher geworden, die aus aller Welt hierher kommen. Jedes Jahr zählen die Bahamas Millionen von Besuchern. Viele von ihnen sind keine Taucher. Man schätzt aber, daß hier auf den Bahamas mehr Nichttaucher erstmals mit dem Schnorcheln oder Tauchen beginnen als an jedem anderen Platz auf der Welt.
Gewöhnlich spricht man vom „Land der siebenhundert Inseln". Tatsächlich aber bilden die 13 865 Quadratkilometer Land, die über 260 000 Quadratkilometer Mee-

New Providence übt auf die Filmemacher eine unwiderstehliche Anziehungskraft aus. Dieses Stahlschiff wurde für die Dreharbeiten zum James-Bond-Film „Never Say Never Again" versenkt. ▶

Die Bahamas als Teil der Neuen Welt

resfläche verstreut sind, 39 Inseln, 661 Cays und 2390 Felsklippen, die ständig oberhalb des Wasserspiegels liegen.

Die Bevölkerung konzentriert sich weitgehend in der Hauptstadt Nassau auf der Insel New Providence. Hier leben 59 Prozent der 251 000 Bahamesen. Der Rest der Bevölkerung verteilt sich auf die anderen Inseln, die von den Bahamesen die Family Islands genannt werden. Dazu zählen alle Inseln außer New Providence (mit der Hauptstadt Nassau) und Grand Bahama (mit Freeport).

Eine erste Volkszählung wurde auf den Bahamas im Jahr 1671 durchgeführt. Sie erbrachte eine Anzahl von 1097 Einwohnern, wovon 433 Sklaven waren. Im späten 18. Jahrhundert, als die Amerikaner begannen, ihre Unabhängigkeit von England zu erkämpfen, verlagerten viele der Krone treue Kolonisten, die zusätzlich den Gerüchten glaubten, mit der Unabhängigkeit werde auch die Sklaverei abgeschafft, ihre Plantagen samt den Sklaven auf die Bahamas. Da sie aber nicht den erwarteten fruchtbaren Boden vorfanden und ihre Mittel rasch aufgezehrt waren, kehrten viele wieder zurück, ließen aber ihre Sklaven auf den Bahamas. England und die Bahamas erließen 1833, eine volle Generation vor den USA, Gesetze gegen die Sklaverei. Heutzutage stellen die Schwarzen 85 Prozent der Bevölkerung des Inselstaates.

Die Bahamas unterlagen länger als 300 Jahre britischer Rechtsprechung, und Englisch ist immer die offizielle Sprache gewesen. Im Jahr 1964 wurde eine Selbstverwaltung zugestanden, und am 10. Juli 1973 erlangte der Inselstaat seine völlige Unabhängigkeit innerhalb des Commonwealth.

Das Inselvolk betreibt heutzutage als Hauptindustrie den Tourismus. Damit verbunden ist das Versprechen, die Besucher ebenso wie Kolumbus zu empfangen, also mit offenen Armen und anmutiger Würde.

Der Spanische Schweinsfisch ist nur ein Beispiel für die farbenprächtigen karibischen Riffische, denen natürlich die Hauptaufmerksamkeit der Taucher gilt.

◄Thunderball Reef war der Schauplatz für Dreharbeiten zum James-Bond-Film „Thunderball".

2

Überblick über New Providence Island

Obwohl die Insel den Ruf erworben hat, unter all den karibischen Reisezielen am meisten amerikanisiert und städtisch zu sein, verkörpert New Providence doch alles, was mit dem Begriff „Karibik" verbunden wurde und immer noch wird.
Seit Kolumbus auf San Salvador zum ersten Mal seinen Fuß auf amerikanischen Boden setzte, hat die Inselkette der Bahamas eine zentrale Rolle in der Geschichte der westlichen Hemisphäre gespielt. „Baja mar", flaches Meer, nannten die Spanier diese Inseln, die über mehr als 300 Jahre das Eingangstor zur Neuen Welt waren.
Dieses „baja mar" war eine der weltgrößten Schiffahrtswasserstraßen. Spanische Galeonen, beladen mit den Reichtümern der indischen Kolonien, Piraten und Freibeuter, Auswandererschiffe, große Armadas mit Dutzenden von Schiffen, U-Boot-Rudel und luxuriöse Kreuzfahrtschiffe – sie alle befuhren diese Gewässer.
Die frühesten Erinnerungen an die entstehende Neue Welt leben auf diesen Inseln weiter. Von den Werften von New Providence wurden Nachschub und Handelsgüter zu den Kolonien in Mittelamerika verschifft. Hier wurde im amerikanischen Bürgerkrieg von den Blockadebrechern die Rohbaumwolle gegen Pulver eingetauscht, und während der Prohibition beluden die Schmuggler hier ihre Boote mit den Rumfässern. Die Vergangenheit lebt auch an den historischen Plätzen von New Providence weiter, beispielsweise am Rawson Square, an dem eine Statue von Königin Victoria die Märkte und Straßen von Alt-Nassau überblickt. Und sie findet sich noch in der lokalen Architektur, vom Government House bis zu den hochmodernen Hotels und Bürobauten, die von der Bedeutung Nassaus als internationalem Zentrum des Bankgeschäfts künden.
Obwohl die prosperierende Finanzindustrie immer weiter wächst, ist das zentrale und dominierende Geschäft der Bahamas immer noch, Touristen glücklich zu machen. Und New Providence mit Nassau ist nicht nur die politische Hauptstadt, sondern auch das wichtigste touristische Zentrum. Über 3,3 Millionen Besucher zählte man 1989 auf den Bahamas, und gut über eine Million von ihnen kam nach Nassau. Viele dieser Touristen empfanden Nassau und New Providence als einen guten Kompromiß zwischen der Entspannung eines Inselurlaubs und den urbanen Vergnügungen eines städtischen Zentrums. Aber die bloße Zahl der Besucher hat manche hauptsächlich am Tauchen Interessierte dazu verleitet, das taucherische Potential der Insel abzuwerten. Manche Menschen denken eben, ein Platz, der eine Million

Auch das Windsurfen ist auf den Bahamas sehr populär. Die breiten, flachen Buchten an der Nordküste von New Providence sind die besten Plätze, um sich mit dem angenehmen, stetigen Passatwind zu messen. ▶

Menschen anlockt, könne keine jungfräulichen Tauchplätze mehr bieten. Doch sie irren sich.

Es mutet wie eine Ironie des Schicksals an, daß der Hotel- und Tauchbasenboom der frühen siebziger Jahre in der Karibik an New Providence vollkommen vorbeiging. Dies allerdings nicht, weil die Tauchgründe hier nicht gut wären. Viele dieser Hotelanlagen wurden mit Entwicklungsgeldern der US-Regierung finanziert. Da der Tourismus auf New Providence bereits florierte, kam natürlich niemand auf die Idee, hierher noch öffentliche Entwicklungsgelder zu leiten. Die meisten Regierungen betrachten das Tauchen als eine Randerscheinung des Tourismus. Verglichen mit dem generellen Tourismus ist es in der Tat ein Nebengeschäft. Auch aus diesem Grund unternahm man auf New Providence keine allzu großen Anstrengungen, Taucher anzulocken. Die Inseln, die sich am meisten um die Entwicklung des Tauchtourismus bemühten, waren hauptsächlich diejenigen, die auf einer ganz kleinen Basis mit der Entwicklung des Tourismus überhaupt begannen und wenige sonstige Aktivitäten für Gäste anzubieten hatten.

Als Ergebnis dieser Entwicklung sind manche der Tauchgebiete, die in den frühen siebziger Jahren noch jungfräulich waren, heute übernutzt und von den Flossen der Taucher zu Korallenstaub zertreten, während bei den wenigen Tauchern in New Providence die Unterwasserszenerie der Insel noch gut erhalten ist. Dies gilt insbesondere für die Tauchplätze an der West- und Südküste der Insel.

Per Schiff, Boot oder Flugzeug kommen jährlich über eine Million Besucher nach Nassau. Die Kreuzfahrtschiffe legen an der Prince George's Wharf des Hafens von Nassau an. Gleich dahinter liegen das Hafenviertel und die historischen Bezirke der Stadt.

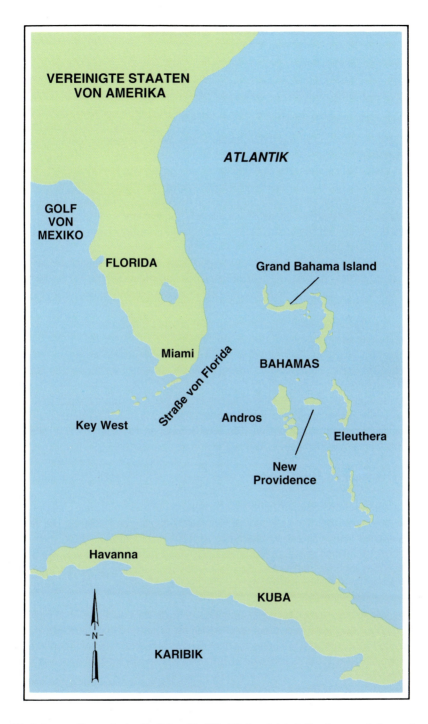

Die Bahamas liegen in der östlichen Karibik. Die Inseln sind die obersten Spitzen eines ausgedehnten unterseeischen Plateaus, das den Namen Bahamas Bank trägt.

An- und Einreise, Hotels und Shopping

Reisedokumente: US-Bürger benötigen keinen Reisepaß zur Einreise in die Bahamas. Sie können sich mit einem Staatsbürgerschaftsnachweis, Geburtsschein oder einer Wahlregistrierungskarte ausweisen. Ein Führerschein alleine reicht als Reisedokument nicht aus. Europäische Besucher legen den Reisepaß vor, ein Visum wird nicht benötigt.
Die Vorsichtsmaßnahmen gegen die Einfuhr von Drogen und Handfeuerwaffen sind nicht zu übersehen. Die Einreisebeamten handhaben die Vorschriften streng. Wenn man Medikamente einführen will, müssen sie in der Originalverpackung sein, und die Verschreibung ist zusammen damit vorzulegen. Die bahamesischen Grenzkontrollen stehen in dem Ruf, daß es nahezu unmöglich ist, Handfeuerwaffen an ihnen vorbei einzuschmuggeln.
Rückreisende in die USA können sich vor dem Flug von einer Außenstelle der US-Grenzkontrolle am Flughafen von New Providence abfertigen lassen. Am Freitag und Sonntag herrscht dort Hochbetrieb, so daß man Wartezeiten einkalkulieren muß. Wenn der US-Schalter einmal passiert ist, muß man sich in der Abflughalle aufhalten und kann nicht wieder nach draußen, ohne eine erneute Einreiseformalität über sich ergehen zu lassen.

Kreuzfahrtschiffe: Eine Reihe von Kreuzfahrtschiffen läuft Nassau an. Der Gesellschaft Carnival Cruise Lines gehört das Drystal Palace Hotel am Cable Beach. Eine Kreuzfahrt läßt sich auch mit einem Aufenthalt auf New Providence verbinden, bei dem man die Gelegenheit zum Tauchen wahrnehmen kann. Solche Kombinationen stellen die Reisebüros zusammen. Die amerikanischen Kreuzfahrtschiffe pflegen von Port Canaveral, Fort Lauderdale und Miami aus zu starten.

Flugverbindungen: New Providence wird von einer Reihe von Fluglinien und Charterfluggesellschaften angeflogen. Der Wettbewerb unter ihnen ist hart, und deshalb gibt es viele Sonderangebote. Für Nassau werden auch vielfach Pauschalarrangements angeboten, die den Flug und die Hotelunterbringung kombinieren. Die Reisebüros können solche Arrangements häufig günstiger anbieten, als wenn man sich selbst die Leistungen einzeln zusammenstellt. Wenn man weiß, bei welcher Basis man tauchen möchte, sollte man diese als erste kontaktieren. Sie sind möglicherweise in der Lage, einem als Gruppenmitglied einen preisgünstigen Flug oder ein Arrangement zu vermitteln.
Bei der Suche nach einem preisgünstigen Ticket sollte man auch die Angebote von Bahamas Air beachten. Diese nationale Fluglinie hat manchmal günstigere Preise als die großen US-Gesellschaften, und auf dem Flug ist man nicht nur mit Touristen zusammen, die zum Glücksspiel zu den Casinos von Paradise Island unterwegs sind. Bahamas Air fliegt New Providence von Newark, NJ, Washington, DC und Philadelphia aus an, von Florida aus außerdem von Miami, Tampa und Orlando. Wenn man seinen Aufenthalt auf New Providence mit einigen Tagen auf einer der anderen Taucherinseln der Bahamas kombinieren möchte, kann man mit Bahamas Air von Nassau aus weiterfliegen nach Freeport, Great Exuma, Eleuthera, Andros, Stella Ma-

ris/Long Island, Crooked Island und San Salvador, außerdem zu den benachbarten karibischen Zielen Inagua, Mayaguana und South Caicos.
Zur Zeit der Drucklegung flogen von den Vereinigten Staaten aus die weiteren folgenden Gesellschaften Nassau an: Air Canada, Comair, Delta Airlines, Eastern Airlines, Eastern/Continental Express, Henson, Midway, Pan American, Piedmont/US Air und TransWorld Airlines. Carnival Cruise Lines unterhält einen eigenen Charterservice, ebenso Paradise Island Airlines. Andere amerikanische Charterfluggesellschaften sind American Eagle, American Transair und Club Med.
Von Europa aus bieten viele Linienfluggesellschaften Direktflüge nach Nassau an. Auch Pauschalreisen sind bei einigen Veranstaltern im Programm, die man über das Reisebüro buchen kann.
Wenn Sie einmal einen Anflug der ganz anderen Art erleben wollen, können Sie mit Chalk's International Airlines auch einen Flug mit dem Wasserflugzeug von Miami und Fort Lauderdale aus nach New Providence wagen. Diese Wasserflugzeuge starten und landen im Hafen von Nassau, und das Terminal der Gesellschaft befindet sich auf Paradise Island.

Hotels: Bereits seit mindestens der Jahrhundertwende hat Nassau als Winterquartier für reiche Amerikaner gedient. Deshalb findet man hier eine große Auswahl von Unterkunftsmöglichkeiten, was den Typ, Stil und die Preise anbelangt. Auf Paradise Island gibt es sehr luxuriöse Hotelhochhäuser, von denen einige 1989 vom Entertainer Merv Griffin aufgekauft wurden. In Nassau findet man die Häuser internationaler Hotelketten wie Sheraton, Holiday Inn und Wyndham. Außerdem gibt es Dutzende kleiner bis mittelgroßer Hotels, Appartementhäuser und Eigentumswohnungen, unter denen man die Auswahl hat.
Die Tauchbasen auf der Insel bieten im allgemeinen keine eigenen Unterkünfte an. Sie holen statt dessen die Gäste jeden Morgen mit einem Shuttlebus bei ihrer jeweiligen Unterkunft ab und bringen sie abends wieder zurück.
Zum Zeitpunkt der Drucklegung boten drei Tauchbasen kombinierte Arrangements für Hotel und Tauchen an. Nassau Undersea Adventures, Dive Dive Dive und Peter Hughes Dive South Ocean. Sofern Sie beabsichtigen, während Ihres Aufenthalts auf New Providence hauptsächlich zu tauchen, lohnt sich eine Anfrage bei ihnen. Auch hier gilt, daß man im Arrangement meist günstigere Preise erhält als bei der eigenen Zusammenstellung der entsprechenden Dienstleistungen.
Nassau Undersea Adventures arbeitet bereits seit langem mit dem Orange Hill Inn zusammen, das nur durch eine Straße von einem reizvollen – und häufig menschenleeren – weißen Sandstrand an der Nordseite der Insel getrennt ist, etwa 15 Minuten vom Zentrum von Nassau entfernt. Dieses Hotel wird von einem charmanten englischen Ehepaar, Judy und Danny Lowe, geführt, die sich ganz auf Taucher eingestellt haben. Die Wohneinheiten sind sauber und modern eingerichtet. In der Anlage gibt es einen großen Swimmingpool, Satelliten-TV und eine blühende Gartenlandschaft. Die Mahlzeiten werden in einem zentralen Speisesaal serviert, und in der Lounge im Hauptgebäude, das von allen Gästen wie eine Art Wohnzimmer genutzt wird, trifft man sich abends zum Fachsimpeln.

Das Divi Bahamas Beach Resort & Country Club trug früher den Namen South Ocean Beach und wurde 1987 von der Divi-Hotelkette übernommen. In dieser Anlage betreibt Peter Hughes seine Tauchbasis Dive South Ocean. Das Hotel wurde vom Neubesitzer gründlich überholt und um 195 neue, luxuriöse Räume erweitert. Die Hotelanlage ist wie die meisten dieser Hotelkette in der Karibik verschwenderisch ausgestattet. Neben der Tauchbasis gibt es einen 18-Loch-Golfplatz, Tennisplätze mit Flutlicht, eine Marina und ein komplettes Wassersportprogramm mit Katamaren, Jetski und so weiter. Und natürlich ein komplettes Tauchprogramm.

Dive Dive Dive hat seine Basis im Coral Harbour Hotel, das in Coral Harbour an der Ostseite von New Providence liegt. Das Hotel war früher eine Appartementanlage, und die Zimmer liegen in separaten Bungalows. Jeder Bungalow ist mit vier Betten ausgestattet und hat eine komplett eingerichtete Küche inklusive Mikrowellenherd.

Wenn man die Absicht hat, ein wenig Nachtleben, ein wenig Tauchen und eine Menge Erholung miteinander verbinden, sollte man die Hotels von Paradise Island oder von Cable Beach in Betracht ziehen, etwa das Crystal Palace. Wenn man die Atmosphäre gediegenen Reichtums und totalen Luxus sucht, bietet sich das Le Meridien an, das vor kurzem vollständig renoviert worden ist. Für diese Hotels zahlt man natürlich entsprechende Preise, vor allem in der Hauptsaison im Winter. Es ist das Paradoxe bei Nassau, daß es sehr dicht an den Vereinigten Staaten liegt und die Flugpreise relativ günstig sind. Entsprechend ist die Nachfrage nach Grundstücken so hoch, daß die Appartementmieten mit denen von Wohnungen mitten in Manhattan vergleichbar sind. Wie man sich vorstellen kann, läßt dies die Preise für Bauland (und die darauf erstellten Hotels) in die Höhe schnellen.

Abendessen („Dinner"): Die Verpflegung in den großen Hotels und Resorts ist gut, entspricht aber einem gewissen Massengeschmack. Und es ist teuer: Für ein Dinner muß man etwa 20 US-Dollar pro Person rechnen. Glücklicherweise gibt es auf der Insel eine Reihe weiterer Restaurants. Den unteren Preissektor vertreten ein McDonald's in der Einkaufsarkade des Hotels British Colonial, ein Lum's in der Bay Street und ein Taco Bell gegenüber der Anlegestelle der Kreuzfahrtschiffe. Captain Nemo's ist ein Restaurant für Meeresfrüchte an der östlichen Bay Street, in dem man gut ißt

Von der Spitze des Wasserturms aus kann man das Gebiet um die Bay Street und den Hafen von Nassau aus der Vogelperspektive überblicken. In der linken unteren Bildecke erkennt man die Kanone des kolonialen Fort Charlotte.
Foto: L. Walker-Blount

und vernünftige Preise bezahlt. Des weiteren gibt es zwei Tony Roma's, wo man Steaks, Spareribs, Meeresfrüchte und Hamburger erhält: eines an der Bay Street genau gegenüber der Brücke nach Paradise Island, das andere an der West Bay Street außerhalb der Stadt. Auch verschiedene Pizzerien findet man sowie ein oder zwei englische Pubs, außerdem Dutzende bahamesischer Restaurants, wie beispielsweise Choosy Foods hinter der Bay Street in Nassau und die Delaporte Bar an der Nordküstenstraße in der Nähe von Delaporte Point. Ein Dinner mit lokalen Meeresfrüchten für vier Personen kann man in der Delaporte Bar bereits für etwa 20 US-Dollar bekommen.

Nassau hat etwas, was den meisten anderen Tauchzielen fehlt: wirkliche Gourmet-Restaurants. Eines davon ist das Graycliff an der West Hill Street in der Nähe des Regierungsgebäudes. Das Essen ist superb, aber wenn Sie schon die Hotelrestaurants für teuer halten, dann werden Ihnen bei der Lektüre der Speisekarte im Graycliff die Augen übergehen! Ein Dinner für eine Person kostet etwa 65 US-Dollar.

Einkaufen: Außer Meeresfrüchten und allen Produkten, die man aus den Conch-Schnecken anfertigt, stammt fast nichts von den Bahamas. Deshalb gibt es wenige wirklich originelle Schnäppchen zu machen. Die Einkaufsstraße in Nassau ist die Bay Street. Hier reihen sich kleine, elegante Läden aneinander, in denen Parfums aus Europa und Amerika, elektronische Waren aus Japan und Diamanten und Schmuck aus Südamerika angeboten werden. Die meisten dieser Waren kann man zu vergleichbaren Preisen auch in den Vereinigten Staaten kaufen. Günstig sind die Preise für ausländisches Porzellan, beispielsweise Figurinen von Lladro oder Hummel.

Wenn Sie Amerikaner sind und außerdem Zigarrenraucher, finden Sie hier einen wirklichen Schatz. Hier gibt es nämlich etwas, was einem die amerikanische Regierung zu Hause nicht gestattet: originale Havanna-Zigarren. Natürlich werden auch in der Dominikanischen Republik, auf den Kanarischen Inseln und in Honduras ausgezeichnete Zigarren gedreht, aber keine andere reicht an den Geschmack einer Montecristo heran. Angesichts des Preises von 7 US-Dollar pro Stück werden Sie wohl ohnehin zurückhaltend beim Kauf sein, lassen Sie sich aber trotzdem warnen: Kaufen Sie nur soviel, wie Sie während des Urlaubs rauchen. Denn es verstößt gegen die Gesetze, kubanische Zigarren in die USA einzuführen.

Ein originelles Einkaufserlebnis vermittelt der Strohmarkt auf der Bay Street. Alles, was man aus Raffia (Palmstroh) oder Stroh anfertigen kann, findet man in dieser Verkaufsstraße unter freiem Himmel. Hunderte von Kunsthandwerkern sind hier versammelt und bieten Matten, Hüte, Taschen und Puppen an, außerdem Modeschmuck und Holzschnitzereien. Vergessen Sie nicht zu handeln, der erstgenannte Preis entspricht meist etwa dem Doppelten des realen Verkaufspreises.

Währung: Die Bahamas haben eine eigene Währung, die auf dem US-Dollar aufbaut und ein Dollar 100 Pennies entspricht. Die Geldscheine sehen fantastisch aus, sind farbenprächtig und mit exquisiten Darstellungen geschmückt. Eigentlich braucht man dieses Geld nicht wirklich, denn der US-Dollar wird überall im Verhältnis 1:1 akzeptiert. Viele Touristen sammeln es aber wegen der Kuriosität. Das Geld kann vor der Abreise auch zurückgetauscht werden. Nicht vergessen sollte man, für den Rückflug 15 Dollar für die Flughafengebühr aufzubewahren.

Geschichte und Sehenswürdigkeiten

Die Bahamas waren ursprünglich von einer Indianerrasse, den Lucayans, bewohnt. Sehr wahrscheinlich handelte es sich um eine Untergruppe der Arawaks, jener südamerikanischen Rasse, die vom Orinoko-Becken ausgehend die westindischen Inseln besiedelte. Während dieser Wanderung entlang der Inselgruppe nach Norden war den Arawaks ständig eine andere Gruppe auf den Fersen, die Kariben.
Die Kariben, nach denen das gesamte Gebiet benannt ist, waren Kannibalen. Von ihren Wohnsitzen auf den südlichen Karibikinseln aus überfielen sie die Arawak-Siedlungen auf Hispaniola, Kuba, den Jungferninseln und den Bahamas. Sie schleppten zwar Frauen und Männer als Sklaven mit sich und töteten nachweisbar alle anderen, die sie nicht mitnehmen konnten, aber ihre Raubzüge waren nichts im Vergleich zu dem, was die Europäer anrichteten. Die Lucayans der Bahamas wurden von ihnen zur Arbeit in den Goldminen Hispaniolas eingesetzt, und kaum eine Generation nach der Entdeckung durch Kolumbus war die einheimische Bevölkerung ausgerottet.
Die Europäer: Im Jahre 1646 erklärte England, das bereits auf den weiter nördlich gelegenen Bermudas fest etabliert war, die Bahamas zum Kroneigentum. Um Kolonisten zur Ansiedlung zu ermutigen, wurden Landrechte vergeben. Aber die Inseln, überwiegend aus Fels und Sand bestehend und mit wenig fruchtbarem Boden gesegnet, erwiesen als sich schwierig für Mensch und Tier.

Paradise Island steckt voller Aktivitäten. Man findet hier Hotels, Casino und Kongreßzentrum nahe beieinander, außerdem Feinschmeckerrestaurants, eine Diskothek und Unterhaltungstheater. Mit Marinas, Einkaufspassagen und einem Terminal für Wasserflugzeuge ist Paradise Island beinahe eine Welt für sich.

Die erste erfolgreiche Beschäftigung war das sogenannte „wrecking", das Ausräubern havarierter Handelsschiffe. Dabei schreckten die Wrecker nicht davor zurück, gelegentlich einmal ein Leuchtfeuer zu löschen oder falsche Feuer weit im Inland zu legen, um die Schiffe auf die Flachriffe der Bahamas Bank zu locken.

Zusätzlich zu diesen Wreckern trieben in Nassau jahrzehntelang einige der verruchtesten Piraten dieses Erdteils ihr Unwesen. Während der immer wieder aufflackernden Auseinandersetzungen zwischen England, Frankreich und Spanien im 17. und 18. Jahrhundert sprachen die Engländer häufig Schiffskommandanten das Recht zu, feindliche Schiffe zu nehmen, ohne daß dies als Piraterie betrachtet wurde. Diese privaten Kriegsschiffe und ihre Kapitäne, die man „privateers" nannte, pflegten auch dann nicht so schnell von französischen oder spanischen Schiffen abzulassen, wenn ein Frieden erklärt worden war.

Nassau wurde zum Heimathafen vieler dieser Freibeuter. Während des Spanischen Erbfolgekriegs und vier Jahre danach von 1703 bis 1714 wurde Nassau sogar von ihnen regiert. Zu den prominentesten Piraten gehörte Edward Teach, den man auch „Blackbeard" nannte.

Nach vielen Beschwerden der Spanier entsandte England einen Marinehelden, Captain Woodes Rogers, um die Piraten auszuheben. An sein erfolgreiches Wirken erinnert heute noch die Straße vor der Prince George's Wharf, die Woodes Rogers Walk.

Das Schmuggeln nimmt auch in der neueren Geschichte der Bahamas einen prominenten Platz ein. Während in den USA die Prohibition herrschte, wurden die Spirituosen von Europa nach Nassau verschifft und von dort mit Frachtschiffen, Flugzeugen und schnellen Küstenbooten weitertransportiert. Die wilde Flotte der Schmuggler täuschte, überrannte oder bekämpfte die Coast Guard mit Waffengewalt und brachte die alkoholischen Getränke zu den geheimen Schenken in Amerika. Die Regierung der Bahamas profitierte davon ebenso reichlich wie die sogenannten „rumrunner". Sie verdoppelte einfach den Einfuhrzoll auf Spirituosen. Jede Ladung, die Nassau passierte, brachte ein deftiges Sümmchen in die Schatzkasse der Kolonie. Große öffentliche Bauvorhaben, wie beispielsweise die Prince George's Wharf, wo heute die Kreuzfahrtschiffe anlegen, sowie der städtische Wasserturm, konnten mit den auf den Alkohol erhobenen Zöllen finanziert werden.

Weitsichtige Geschäftsleute erkannten in diesem neuen Reichtum einen Weg für die Inseln, auf ihren eigenen Füßen stehen zu können. Reiche Amerikaner hatten schon seit der Jahrhundertwende begonnen, den Winter in Nassau zu verbringen. Nun, mit den Einnahmen aus den Spirituosen, konnte die Hauptstadt Einrichtungen schaffen, um diesen Touristen einen besseren Service zu bieten und mit Anzeigen mehr von ihnen anlocken. So wurden die Bahamas auf den Weg gebracht, auf dem sie sich auch heute noch befinden. Der hohe Alkoholzoll wurde schließlich zurückgenommen, aber die steigenden Einnahmen aus dem Tourismus ermutigten Großbritannien, die Kolonie als selbstversorgend zu betrachten. 1973 wurden die Bahamas unter der Führung des ersten Premierministers Lynden O. Pindling in die Unabhängigkeit entlassen.

Wer gerne auf den Spuren der Vergangenheit wandelt, kann in Nassau bei der Besichtigung der historischen Plätze und Gebäude einen vergnüglichen Tag verbringen. Als ausgezeichneter Führer durch die historischen Viertel ist die Brochüre „Pictorial Nassau" zu empfehlen, die an Zeitungsständen und in den Buchhandlungen überall auf der Insel erhältlich ist.

3

Tauchen auf New Providence Island

Wenn die Taucher über die besten Tauchgebiete diskutieren, wird Nassau normalerweise nicht erwähnt. Wenn Sie wissen wollen, was Sie dabei vermissen, gibt es einen einfachen Weg, das herauszufinden: Sollten Sie jemals einen der zahlreichen James-Bond-Filme mit Unterwasserszenen gesehen haben („Thunderball", „Dr. No" oder „Never Say Never Again"), oder falls Sie sich an die TV-Serie „Flipper" erinnern, dann haben Sie bereits gesehen, was das Tauchgebiet rund um New Providence Island zu bieten hat.

Schon seit vier Jahrzehnten ist New Providence ein populärer Schauplatz für Spielfilme. Hier im Innenriff des Clifton Wall wurden in den fünfziger Jahren die Unterwasserszenen für „20 000 Leagues under the Sea" gedreht. Teile von „Splash!" entstanden hier ebenso wie „Wet Gold". Ron Howard, der Regisseur von „Splash!", war offenbar vom Platz so angetan, daß er 1985 wiederkam, um die Unterwasserszenen von „Cocoon" zu erstellen. Es gibt wohl mehr Filme, die an den hiesigen Riffen gedreht worden sind, als an jedem anderen Riff der Welt, und immer noch scheint es genug neue Drehorte für die Regisseure zu geben, daß sie hierher zurückkommen. Den legendären Jordan Klein, der viele der Unterwasserszenen für die Bond-Filme drehte, konnte ich bei einem Aufenthalt auf der Insel im Januar 1990 bei Dreharbeiten zu einem Spielfilm beobachten.

Die Gründe, warum die Regisseure New Providence als Spielort auswählen, gelten genauso auch für den gewöhnlichen Taucher.

New Providence liegt von den Vereinigten Staaten aus nah und kann mit regelmäßigen Linienflügen leicht erreicht werden. Die Flugpreise sind relativ niedrig. Das Wetter ist beständig – während des größten Teils des Jahres sehr gut –, und man findet immer eine leewärtige Tauchstelle, wenn der Passatwind einen oder zwei Tage lang kräftig bläst. Und ein weiterer Grund: Die Tauchgründe hier sind ausgezeichnet. Man findet Flachriffe und Steilwände, Schwämme und Korallen, Schiffswracks und versunkene Flugzeuge. Addiert man die wundervolle Fischbevölkerung und die häufigen Sichtungen großer pelagischer Tiere wie Haie und Delphine hinzu, hat man ein klassisches karibisches Tauchziel.

Das Tauchen wird von professionellen Basen mit solider Leihausrüstung, schnellen Booten und verläßlichen, kenntnisreichen Divemastern gut organisiert. Wenn Sie sich für New Providence entscheiden, können Sie sicher sein, Ihre Freunde zu Hause mit Ihren Schilderungen der tiefreichenden Steilhänge, Riesenschwämme, Mammut-Zackenbarsche und berühmten Schauplätzen von Filmen zu beeindrucken. Sie mögen vielleicht nicht glauben, daß Sie all das auf New Providence erlebt haben. Aber schließlich haben Sie ja Ihre Beweise – sagen Sie ihnen einfach, sie sollen sich das Video von „Thunderball" besorgen und sich selbst ein Bild machen!

Riesenschwämme, ausladende Korallen und Tiefwasser-Gorgonien schmücken die senkrechten Steilwände am Tauchplatz Clifton Wall an der Südküste von New Providence.

Tauchen an der Nordküste

Nassau liegt an der Nordküste von New Providence, und die meisten großen Hotels befinden sich hier oder auf dem nordöstlich vorgelagerten Paradise Island. Hier ist das Zentrum aller Aktivitäten mit Restaurants, Nightclubs und Geschäften, die vor allem rund um das Hafenviertel herum versammelt sind.
Von hier aus erreicht man am bequemsten die Tauchplätze an der Nordseite. Die meisten sind entweder Korallengärten im Flachwasser oder Wrackstellen. Die beiden an der Nordküste ansässigen Tauchbasen, Sun Divers und Bahama Divers, fahren nicht häufig zur Südküste aus. Vom Hafen aus benötigt man dazu 45 Minuten, und sofern Wind ansteht, ist das eine rauhe Anfahrt. Vorzugsweise beschränken sie sich deshalb auf die Tauchplätze an der Nordseite. Selbst wenn starker Wind weht, können sie immer noch auf die Flachgebiete im Windschutz von Athol Island und Rose Island ausweichen.

Bahamas Divers haben ihr Geschäft in der Bay Street in der Nähe der Auffahrt zur Paradise Island Bridge, und es bietet eine recht komplette Auswahl an Tauchausrüstungen zur Ausleihe oder zum Kauf. Eine Ausbildung kann entweder in Form eines regulären Kurses oder nur als Schnelleinweisung organisiert werden, und die sonstigen Basenleistungen entsprechen denen von Sun Divers. Die beiden Boote von Bahamas Divers liegen in der Marina am Nordende der Paradise Island Bridge, links neben den Pendelbooten für Paradise Island.
Wie bei Sun Divers führen die meisten Ausfahrten zu Plätzen an der Nordküste – den flachen bei Athol Island oder den zahlreichen Wracks und Riffen vor Paradise Island.

Helles Tageslicht mögen sie nicht, die Federsterne. Deshalb halten sie sich tagsüber meist im Schatten oder in Spalten auf.

Das LCT-Wrack an der Nordseite von New Providence bietet sich für Anfänger als spektakulärer Tauchplatz an. Wundervolle Korallen haben sich darauf entwickelt und bieten auch für den Fortgeschrittenen interessante Aspekte.

Sun Divers unterhalten ein Geschäft am Strand vor dem Hotel British Colonial, das an der Bay Street mitten in Downtown-Nassau liegt. Täglich um 9 Uhr fahren ihre Boote zu einem „single-tank"-Tauchgang aus, und um 13 Uhr geht's zu einem „two-tank dive". Dabei werden dann nach amerikanischer Gepflogenheit kurz hintereinander zwei (flache) Tauchgänge durchgeführt. Auf dem Weg zu den Tauchplätzen holen die Boote von den Anlegestellen rund um den Hafen und auf Paradise Island weitere Taucher ab.

Diese Tauchbasis gehört Steve Sweeting und Lambert Albury. Man kann sie gewöhnlich vor der morgendlichen und mittäglichen Ausfahrt im Geschäft antreffen. Sie verfügen über drei Boote, zwei davon 15, das dritte zehn Meter lang. Die Boote sind groß und geräumig, sie liegen deshalb stabil und sind für bequemes Tauchen eingerichtet.

Den Anfängern oder Schnuppertauchern bietet Sun Divers Probetauchen am Pool mit anschließendem ersten Tauchgang zu einem Komplettpreis. Für die Tauchgänge gilt ein Einheitspreis unabhängig davon, ob man eigene oder Leihausrüstung benutzt.

Sun Divers veranstaltet auch Ausflüge für Schnorchler, wobei meist die Flachgebiete um Athol Island herum aufgesucht werden.

Die Ausfahrt von der Anlegestelle des British Colonial Hotels zu den nahe gelegenen Plätzen wie dem LCT-Wrack ist sehr kurz. Man kann deshalb hier auch einige Tauchgänge unternehmen, auch wenn man sich nur kurz auf der Insel aufhält. Zwar mangelt es der Nordküste von New Providence an den spektakulären Steilabfällen, die man auf der anderen Inselseite entlang der Clifton Wall findet, aber wenn man nicht nur auf tiefe Tauchgänge fixiert ist, sind die Wracks und Flachriffe hier sehr sehenswert.

Tauchen an der Südküste

Die Basis **Dive Dive Dive** ist im Coral Harbour Hotel in Coral Harbour an der Westspitze von New Providence untergebracht. In diesem Hotel, das an einem kurzen Stichkanal liegt, können 20 Gäste untergebracht werden. Die Tauchbasis holt darüber hinaus Gäste für Tagesausflüge von jedem Hotel auf New Providence ab. Diese Tagestouren führen an die Tauchplätze der Südseite, wozu die Bond-Wracks, Pumpkin Patch sowie weiter draußen auf See eine Boje an der Tongue of the Ocean gehört.

Nassau Undersea Adventures wird von Stuart Cove geleitet, einem liebenswürdigen Kanadier, der auf New Providence aufgewachsen ist. Cove hat dabei geholfen, viele der Drehorte für die Abenteuerfilme vorzubereiten, die hier gedreht worden sind – von „Never Say Never Again" und „Cocoon" über „Wet Gold" bis hin zu „Splash!" –, und er war auch an der Versenkung verschiedener Schiffe beteiligt, die nun als Wracks die Taucher an die Südküste locken.

Das Geschäft liegt innerhalb der exklusiven Ferienanlage Lyford Cay Development. Grimmige Sicherheitskräfte bewachen das eiserne Tor, hinter dem die karibischen Refugien von bekannten Persönlichkeiten wie Sean Connery und Diana Ross liegen. Wenn Sie einmal einen Blick auf den Lebensstil der Reichen und Berühmten werfen wollen, brauchen Sie nur mit Nassau Undersea Adventures zu tauchen.

Zur Tauchbasis gehören vier Boote, darunter ein geräumiges, 14 Meter langes, sowie ein gedecktes Pontonboot. Die weiter draußen gelegenen Plätze werden mit zwei Schnellbooten angefahren. Die Clifton-Steilwand und Goulding Cay liegen kaum eine Viertelstunde von der Anlegestelle entfernt. Man hat also keine langen Anfahrten, und da die Südseite von New Providence normalerweise im Windschatten liegt, ist das Meer meistens ruhig. Falls man mit leichtem Gepäck angereist ist, kann man hier alles Denkbare in gutem Pflegezustand anmieten. Auch Fotoausrüstung steht zum Verleih. Der Divemaster J.P. „Doc" Genasi nimmt bei vielen Tauchgängen die Videokamera mit, so daß man bei ihm Videos erwerben kann, die dann zu Hause zeigen, wie man sich draußen an der Boje am Rand der Tongue of the Ocean unter einem riesigen Stechrochen duckt oder einen Seidenhai streichelt. Auch vielköpfige Gruppen können ohne Probleme untergebracht werden, und Nassau Undersea Adventures bietet von den größeren Flughäfen in den Vereinigten Staaten Pauschalarrangements an, die alle Leistungen einschließen.

Die Stimmung an dieser Basis ist einfach, freundlich und entspannt, aber professionell, was das Tauchen betrifft. Die Angestellten sind hauptsächlich Einheimische – Taucher, die auf New Providence geboren und aufgewachsen sind –, und sie kennen die Tauchgründe ausgezeichnet. Sie sind auch sehr zuvorkommend. Wenn Sie für den Tauchgang einen speziellen Wunsch haben (etwa große Zackenbarsche, Schwämme, Rochen sehen möchten), wissen sie wahrscheinlich, an welchem Platz sie Ihr Verlangen befriedigen können. Sie können Ihnen sogar einen Treff mit einer Gruppe von Haien draußen an der Boje der Tongue of the Ocean vermitteln!

Peter Hughes Dive South Ocean liegt auf dem Gelände des Divi Bahamas Beach Resort & Country Club, früher als South Ocean Beach bekannt. Wie alle Tauchbasen von Peter Hughes ist auch diese bestens ausgerüstet und leistungsstark, und die Angestellten sind zuvorkommend.

Ein Amerikanischer Stechrochen zieht am Tauchplatz The Runway dicht vor einem Taucher vorüber. Dies ist nur einer von vielen populären Tauchplätzen an der Clifton-Steilwand vor der Südküste von New Providence.

Das Tauchzentrum liegt an der Marina des Resorts und ist ganz neu. Dazu gehören ein Schulungsraum, der Geräteverleih, ein Geschäft sowie ein voll ausgerüstetes Fotolabor für die E 6-Entwicklung von Ektachrome-Diafilmen. Ausgeliehen werden kann alles vom Schnorchel bis zur Nikonos-Kamera und der Video-Ausrüstung. Es gibt sogar die Möglichkeit zur Videobearbeitung, und wer lernen möchte, mit Kameras umzugehen, kann Foto- oder Videokurse besuchen.

Die Clifton-Steilwand liegt vor der Küste direkt vor dem Resort, allerdings etwa 400 bis 600 Meter vom Strand entfernt. Deshalb – und auch wegen der gelegentlich in Küstennähe fahrenden Boote – muß man mit dem Boot hinausfahren und kann nicht vom Strand aus tauchen.

Dive South Ocean verfügt auch über vier Boote, alle groß, seetüchtig und sehr komfortabel. Die Nahziele liegen weniger als eine Viertelstunde vom Anleger entfernt. Es werden aber auch entferntere Ziele angefahren wie Goulding Cay (um die Westecke der Insel herum) und die Plätze auf offener See wie die Boje an der Tongue of the Ocean.

Das Resort selbst ist hervorragend, umfaßt Restaurants, Bars, einen 18-Loch-Golfplatz und beleuchtete Tennisplätze. Die Nichttaucher können sich mit Jetski, Katamaranen und Windsurfen vergnügen. Der Feriengast findet alles auf dem Gelände, was er nur wünscht, und braucht es für die Dauer seines Aufenthaltes nicht zu verlassen. Nassau ist mit öffentlichen Bussen in etwa 45 Minuten zu erreichen.

Für wen man sich auch entscheidet – bei den Tauchbasen an der Südküste kann man nichts falsch machen. Entweder man organisiert selbst und taucht wechselnd jeweils ein paar Tage mit jeder der Basen, oder man läßt sich von einer der Basen ein komplettes Paket für den gesamten Aufenthalt zusammenstellen.

Umweltschutz und der Bahamas Marine Park

Jeder Taucher muß sich verpflichtet fühlen, die marine Umwelt so wenig wie irgend möglich zu beeinträchtigen. Obwohl jeder Tauchgang unvermeidlich zu Störungen oder gar Schäden am Tauchplatz führt, kann die Beachtung einiger einfacher Grundsätze dazu beitragen, daß der Taucher sich besser verhält und das Risiko für den Tauchplatz minimiert.

Tarierung: Das einleuchtendste, dennoch aber am wenigsten beachtete Prinzip ist, immer neutral austariert zu sein. Neutrale Tarierung bedeutet, daß der Taucher mit der richtigen Bleimenge und einem bißchen Luft in der Tarierweste so ausbalanciert ist, daß er weder steigt noch sinkt. Neutral austariert kann der Taucher über dem Meeresgrund schweben, anstatt über ihn zu krabbeln. Die Korallen sehen zwar massiv aus, sind aber tatsächlich sehr zerbrechliche und empfindliche Gewebe von Lebewesen. Unkontrolliert herunterhängende Konsolen, Finimeter und Zweitautomaten können sich im Korallenstock verfangen, Korallen töten oder Verletzungen hervorrufen, in denen sich dann korallentötende Schwämme oder Algen möglicherweise festsetzen. Instrumente und Bänder können sich in gleicher Weise in den Gorgonien verheddern, sie aus der Verankerung reißen oder die feinen Zweige abstreifen. Nichts ist so zerstörerisch wie eine Horde überbleiter Taucher, die über ein Riff trampeln und schaben. Zögern Sie nicht, den Tauchguide um Hilfe zu bitten, wenn Sie sich nicht sicher sind, wieviel Blei Sie benötigen.

Flossen: Achten Sie auf die Flossenspitzen! Die großen Powerflossen, die die meisten Taucher bevorzugen, wirken am Riff wie ein Pflug, wenn sie von einem Paar menschlicher Beine herumgewirbelt werden. Es geht unglaublich leicht, die Spitzen verzweigter Korallen oder die Ränder von Salatkorallen abzurasieren, wenn man sie mit Flossen traktiert. Beim Tauchen muß man sich immer bewußt sein, daß die Flossenspitzen weit über die Zehen hinausragen. Ebenso soll man darauf achten, daß man nicht so dicht an den Sandgrund gerät, daß mit den Flossenspitzen das Substrat aufgewirbelt wird. Aufgewirbelter Sand verdirbt nicht nur die Sicht für jeden anderen Taucher, sondern setzt sich auch wieder auf den Korallen ab und erschwert deren Lebensbedingungen. Wenn Sie sich auf dem Sand niederlassen wollen, beispielsweise um in Ruhe etwas zu beobachten, dann suchen Sie eine freie Fläche aus, wo Sie nichts beschädigen können. Nehmen Sie eine senkrechte Haltung ein, landen Sie wie ein Hubschrauber, und berühren Sie den Sandgrund nur ganz leicht – oder besser noch, bleiben Sie darüber in der Schwebe. Wenn Sie sich wieder erheben wollen, dürfen Sie sich auf keinen Fall abstoßen. Atmen Sie statt dessen tief ein, um Auftrieb zu gewinnen, und stoßen Sie mit der Hand Wasser, so daß Sie sich vom Boden entfernen. Erst wenn Sie weit genug vom Sandgrund entfernt sind, dürfen Sie Ihre Flossen wieder gebrauchen.

Angelbestimmungen auf den Bahamas

Die Regierung der Bahamas hat verschiedene Maßnahmen ergriffen, um die marinen Ressourcen des Inselreiches zu bewahren und zu beschützen. Die hier aufgelisteten Vorschriften gelten auch für Taucher, dürfen aber nicht als vollständige Aufzählung betrachtet werden. Wenn Sie bei Ihrem Aufenthalt auf New Providence auch angeln möchten, sollten Sie an das Ministry of Tourism schreiben, um eine komplette Kopie der Angelbestimmungen zu erhalten. Vor allem wenn Sie beabsichtigen zu harpunieren, sollten Sie sich über die Gesetzeslage informieren. Grundsätzlich ist das Harpunieren mit Preßluft-Tauchausrüstung nicht gestattet, und auch Schießharpunen sind auf den Bahamas verboten. Wenn Sie mit solchen Harpunen einreisen wollen, werden diese wahrscheinlich von den Einreisebehörden konfisziert.

- Es darf kein Gift verwendet werden, um Fische zu fangen oder zu töten.

- Mit dem Einsatz von Atemgeräten darf kein marines Tier oder ein sonstiger mariner Gegenstand entfernt werden.

- Hawaiianische Schlingen oder Handspeere sind die einzigen Waffen, die benutzt werden dürfen. Schießharpunen sind verboten.

- Die Ausfuhr von marinen Tieren ist verboten, sofern man dafür nicht eine spezielle Erlaubnis eingeholt hat.

- Von der Nordküste von New Providence, und zwar von Goulding Cay im Westen bis zu der Linie zwischen der östlichen Spitze von Athol Island und dem Ostende von New Providence sowie der Linie durch die vorgelagerten Inseln, darf kein marines Tier oder sonstiges marines Produkt entnommen werden. Und im Exuma Cays Land and Sea Park ist das kommerzielle Angeln nicht erlaubt.

4

Tauchplätze von New Providence

Die Tauchplätze von New Providence lassen sich grundsätzlich in drei Kategorien einteilen: Flachriffe, tiefere Riffe und Steilwände sowie Wracks. Dank der im allgemeinen günstigen Wasserbedingungen rund um die Insel sind die meisten Plätze für Taucher jeder Ausbildungs- und Erfahrungsstufe zugänglich.
Die Karte auf Seite 32 verzeichnet einige empfehlenswerte Tauchplätze, wobei es sich bei den meisten um etwas tiefere Stellen oder Steilwände handelt, die eine gewisse Erfahrung voraussetzen. Unter aufmerksamer Führung sind viele von ihnen aber auch für Anfänger geeignet.
Auf New Providence hat man wenig Gelegenheit, auf eigene Faust vom Strand aus zu tauchen. Die meisten guten Tauchplätze liegen zu weit vom Ufer entfernt, um sie schwimmend zu erreichen. Das mag dem Taucher nicht zusagen, der am liebsten viermal am Tag ins Wasser geht, aber die Bootsanfahrten sind in der Regel kurz und angenehm. Die Boote der Tauchbasen sind alle schnell, bequem und perfekt für das Tauchen hergerichtet. Dieses Tauchen vom Boot aus trägt auch zur Sicherheit beim Tauchen bei, da praktisch jeder Tauchgang der Besucher von einem Tauchguide begleitet wird.
Falls Sie für einige Zeit das Tauchen nicht praktiziert haben, oder falls Sie der Meinung sind, eine Auffrischung könne nichts schaden, sollten Sie mit der Tauchbasis sprechen. Sie erwarten nicht, daß jeder Besucher von New Providence ein erfahrener Taucher ist und sind es gewohnt, zu helfen und die Kenntnisse ihrer Gäste aufzufrischen. Sie werden sich wohler fühlen und einen angenehmeren Urlaub verbringen, wenn Sie die Divemaster und Tauchguides das tun lassen, wofür sie bezahlt werden: zu helfen.

Vom Blitz des Fotografen angestrahlt, leuchtet der riesige Schwamm orangerot auf. Bei Umgebungslicht dagegen sehen ab einer bestimmten Tiefe alle Schwämme grau aus. Wegen ihrer unendlichen Farbenpracht lohnt es sich, eine Lampe mitzuführen, die ihre Farben ins rechte Licht rückt.

Einstufung der Tauchplätze

#	Tauchplatz	Anfänger	Anfänger mit Instructor oder Tauchlehrer	Fortgeschrittener	Fortgeschrittener mit Instructor oder Tauchlehrer	Erfahrener Taucher	Erfahrener Taucher mit Instructor oder Tauchlehrer
Südküste							
1	Clifton Wall			×	×	×	×
2	Wrack „Will Laurie"		×	×	×	×	×
3	Will Laurie Wall		×	×	×	×	×
4	Sand Chute			×	×	×	×
5	Die Filmwracks	×	×	×	×	×	×
6	20 000 Meilen*	×	×	×	×	×	×
7	Porpoise Pens		×	×	×	×	×
8	Cessna-Wrack		×		×	×	×
9	Pumpkin Patch				×	×	×
10	The Runway	×	×	×	×	×	×
11	The Buoy			×	×	×	×
Nordküste							
12	LCT-Wrack*		×	×	×	×	×
13	Trinity Caves			×	×	×	×
14	Wrack „Mahoney"		×	×	×	×	×
15	Thunderball Reef	×		×	×	×	×
16	Wrack „Alcora"		×		×	×	×
17	Balmoral Island*	×			×	×	×

* bezeichnet gute Schnorchelmöglichkeiten

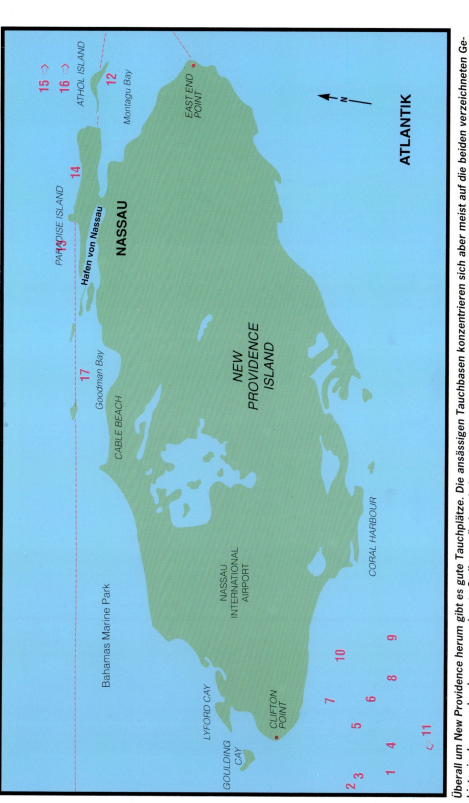

Überall um New Providence herum gibt es gute Tauchplätze. Die ansässigen Tauchbasen konzentrieren sich aber meist auf die beiden verzeichneten Gebiete, in denen mehr als genug geeignete Stellen zu finden sind, um den Gästen Abwechslung zu bieten.

1 Clifton Wall

Typischer Tiefenbereich: 15 – 28 Meter
Typische Strömung: leicht
Erfahrung: Fortgeschrittene
Zugang: per Boot

Entlang von Clifton Wall, einer richtigen Steilwand, findet man eine Reihe der besten Tauchplätze von New Providence. Von der Insel ausgehend erstreckt sich ein breiter, sandiger Schelfgürtel etwa einen bis 1,5 Kilometer ins offene Wasser hinaus und sinkt dabei allmählich auf zwölf bis 15 Meter Tiefe ab. Einzeln verstreute Korallenstöcke markieren die letzten Meter des Plateaus vor der Abbruchkante.

Die Abbruchkante liegt unterschiedlich tief. An manchen Stellen sind es nur 13 Meter, an anderen bis zu 28 Meter, ehe der Steilabfall erfolgt.

Die meisten Korallen haben krustenartige Formen. Es handelt sich um Stern-, Berg- und Blattkorallen, die zu erstaunlichen Größen herangewachsen sind. Die Abbruchkante ist durchsetzt von Spalten und Höhlen, Überhängen, Einschnitten und Ab-

Clifton Wall ist der senkrechte Abfall eines Korallengebirges, das sich über nahezu ein Drittel der Küstenlänge von New Providence erstreckt und der Küste etwa 800 Meter vorgelagert ist.

Dicht zusammenstehende Schwammkolonien findet man häufig am Clifton Wall. In diesem Gewirr sind mindestens drei verschiedene Arten von Schwämmen vereint: ein großer Korbschwamm, pinkfarbige Röhrenschwämme und gelbe Schnurschwämme.

bruchstellen. Große Röhrenschwämme, vor allem die gelben, pendeln in diesen Einschnitten. Vasen- und Korbschwämme haben sich ebenfalls Plätze an der Riffkante gesichert, an denen die günstigsten Nahrungsbedingungen zu finden sind. An der Wand selbst hängt eine beachtliche Zahl von Schnurschwämmen, wobei auch bei ihnen die gelben über die roten und violetten Arten dominieren. Venusfächer findet man nur vereinzelt, dann aber in großen Exemplaren, und alle anderen Formen von Weichkorallen – Seefedern und -ruten, Peitschenkorallen und Tiefwasser-Gorgonien – sind reichlich vertreten.

Obwohl das Gebiet recht intensiv befischt wird, gibt es zahlreiche große tropische Fische. An einem namenlosen Platz gegenüber den Porpoise Pens trifft man regelmäßig auf zwei der größten Grauen Kaiserfische, die jemals an einem karibischen Riff zu finden waren.

Die Wand zieht auch eine Menge Zackenbarsche an, von denen man hier von 1,5 Meter großen Exemplaren bis zu den kleinen, 30 Zentimeter langen eine breite Palette sichten kann. Alle Arten sind darunter, von monströsen Trauerrand- bis zu Marmor-Zackenbarschen über Nassau- und Tiger-Zackenbarschen bis zu den schuhschachtelgroßen Karibik-Juwelenbarschen.

Auch große pelagische Fische kann man hier häufig sehen. Außer einem gelegentlichen Hai sind auch große Stechrochen anzutreffen. Die kleinen Exemplare der Amerikanischen Stechrochen findet man auf den kleinen Sandflächen zwischen den Korallenstöcken im Flachwasser – dort sollte man beim Tauchen besonders sorgsam auf seine Flossen achten.

Beeindruckend in diesem Gebiet sind die außerordentliche Größe der Tiere und die Vielfalt der Arten. Sie sind hier nicht angefüttert und deshalb ein bißchen scheu, aber wenn man etwas Geduld aufwendet, kommt man nahe genug an sie heran, um sie gut fotografieren zu können.

Alle Tiere, die wie diese Röhrenwürmer ihre Nahrung aus dem Wasser filtern, gedeihen prächtig in der nahrungsreichen Strömung an der Abbruchkante von Clifton Wall.

Die Seegurken sind entfernte Verwandte der anmutigen Seesterne, wirken aber viel plumper und unansehnlicher. Sie ernähren sich nicht räuberisch wie viele andere Stachelhäuter, sondern sieben den Sandgrund nach organischen Partikeln durch. Foto: H. Taylor

Sämtliche Arten der karibischen Fische sind hier versammelt – entweder in der Nähe der Wand oder im Flachwasser über dem Plateau –, die man bei wenigen Tauchgängen antreffen kann: Blaue Doktorfische, Spanische Schweinsfische, Hundeschnapper, Gelbschwanz-Schnapper, Dreitupfen-Juwelenbarsche, Dreifarben-Kaiserfische, Franzosen-Grunzer, Husarenfische, Riffbarsche, Trompetenfische, Diamanten-Blennis, Königs-Feenbarsche, Schweinsfische, Spatenfische, Dreitupfen-Juwelenbarsche, Franzosen-Kaiserfische, Grundeln, Seegurken und so weiter – im Grunde genommen alles, wonach man nur Ausschau hält.

Am Riff sind auch eine Reihe von Putzerstationen zu finden. Tiger-Zackenbarschen kann man sich leicht nähern, während sie sich reinigen lassen, und wenn Sie nicht mit einem Makrorähmchen an Ihrer Nikonos ausgestattet sind, mit dem Sie die putzende Grundel an der Unterlippe des Karibik-Juwelenfischs im Maßstab 1:1 fotografieren könnten, dann begnügen Sie sich damit, mit dem 28- oder 35-Millimeter-Objektiv einige gelungene Fischporträts aus relativer Nähe anzufertigen.

Im allgemeinen ist die Sicht an der Wand gut und reicht von 15 Meter bei windigem Wetter bis zu 50 Meter und mehr, wenn das Meer ruhig ist.

2 Wrack „Will Laurie"

Typischer Tiefenbereich: 22 Meter
Typische Strömung: keine
Erfahrung: Anfänger mit Divemaster
Zugang: per Boot

Wenn Sie nach den bisherigen Schilderungen den Eindruck gewonnen haben, man brauche nur auf dem Meeresgrund herumzuspazieren, um von Wrack zu Wrack zu kommen, dann liegen Sie nicht ganz falsch. New Providence ist buchstäblich von Wracks umringt – und zwar von tatsächlich verunglückten und neuerdings auch von absichtlich versenkten.

Die „Will Laurie", ein 46 Meter langer Frachter, wurde 1988 versenkt. Das Schiff ist ein Zeitzeuge der Frachtschiffahrt zu Beginn dieses Jahrhunderts. Es wurde 1909 auf den Namen „Will Mary" getauft und erhielt seinen letzten Namen bei einem Besitzerwechsel. 1988 endete seine Karriere abrupt, als es an der Clifton Pier an der Südseite von New Providence an die Kette gelegt wurde. Eine Abwrackgesellschaft bot an, das Schiff für einen beträchtlichen Betrag zu demontieren, aber noch bevor die Regierung eine Entscheidung getroffen hatte, war es einfach verschwunden.

Der Steuerstand der „Will Laurie" sieht etwas durchwühlt, aber immer noch funktionstüchtig aus, obwohl er in 22 Meter Tiefe liegt.

Die Laderäume der „Will Laurie" stehen weit offen, und wenn man darin herumstöbert, stößt man auf zahlreiche Lebewesen, die hier ihre Wohnstatt aufgeschlagen haben.

Unbestätigten Gerüchten zufolge war es die Crew der Tauchbasis Undersea Adventures, die in einer Feierlaune die „Will Laurie" mitten in der Nacht wegschleppte und direkt südlich von Clifton Point versenkte.

Die „Will Laurie" hat weit offene Laderäume und am Heck ein kleines Steuerhaus. Stahlstreben stützen die Reste eines Sonnendachs über dem kurzen Achterdeck, und man kann sich gut die Mannschaft vorstellen, die sich in seinen Schatten zurückgezogen hatte, lauwarmes Bier trank und versuchte, die drückende Hitze und die Langeweile der langen Überfahrt von England nach New Providence zu überleben.

3 Will Laurie Wall

Typischer Tiefenbereich: 18 – 24 Meter
Typische Strömung: keine
Erfahrung: Fortgeschrittene
Zugang: per Boot

Will Laurie Wall ist ein besonders reizvolles Teilstück der Clifton Wall in der Nähe des gleichnamigen Wracks. Das Riff fällt hier extrem steil ab, und die Sichtbedingungen sind in der Regel recht gut. Hier muß man besonders auf seinen Tiefenmesser achten, denn bei der Bewunderung der dick mit Korallen aller Art bewachsenen Wand kann es leicht passieren, daß man unbemerkt tiefer sinkt, als der Tauchplan es vorsieht.

Meist taucht man die Wand vom Wrack aus an, indem man in 24 Meter Tiefe hinüberschwimmt. Dann steigt man höher und taucht entlang der Riffkante in zwölf Meter Tiefe wieder zurück zum Boot.

Wenn man sich an dieser fantastischen Wand sattgesehen hat, bleibt noch Grundzeit und Luft übrig, um die Landschaft an der Abbruchkante und dahinter zu bewundern. Auch dieses Riffdach ist sehr reizvoll. Dutzende von Papageifischen, zwar nicht allzu groß, aber dafür um so emsiger, huschen hier herum, dazu große Nassau-Zacken-

Der Hınweis, daß man hier auch zahlreiche Nassau-Zackenbarsche antrifft, mag unnötig erscheinen. Sie sind aber in der Tat überaus reichlich zur Stelle und posieren auch gerne dem Fotografen.

Will Laurie Wall ist extrem steil, und die Riffkante ist mit Horden hungriger Gelbschwanz-Schnapper, Zackenbarsche und Doktorfische bevölkert.

barsche und unzählige Gelbschwanz-Schnapper. Die Tauchguides haben hier seit Jahren die Fische angefüttert, und deshalb betrachten sie jeden Taucher als einen potentiellen Futtermeister.

4 The Sand Chute

Typischer Tiefenbereich: 15 – 28 Meter
Typische Strömung: leicht
Erfahrung: Fortgeschrittene
Zugang: per Boot

An der Clifton Wall gibt es einen Einschnitt, der The Sand Chute (das Sandloch) genannt wird. An dieser Stelle rieselt ständig Sand vom Riffdach hinunter und verhindert die Ansiedlung von sessilen Lebewesen. Die Riffkante liegt hier nur etwa zwölf Meter tief. Der Einschnitt hat eine Tiefe von sechs Meter und ist mindestens ebenso breit. Er durchschneidet die gesamte Riffwand und setzt sich bis hinunter in die Tiefe fort. An der Westseite des Einschnitts gibt es einen Überhang und zwei Tunnel, die gerade groß genug sind, daß ein nicht zu großer Taucher sie passieren kann. Die Tunnel laufen unter dem Riff zusammen und vereinigen sich zu einem etwa fünf Meter hohen Kamin, der zum Riffdach emporführt.

Kahle Sandlöcher oder Sandhalden bilden sich, wenn vom Riffdach ständig Sand herunterrieselt. Darauf können sich keine sessilen Lebewesen wie Korallen oder Schwämme ansiedeln. Während links und rechts davon die Korallenwand weiter nach außen wächst, bleibt das Sandloch als Einschnitt im Riff zurück.

In der Nähe des Sand Chute zeugt dieses Gemenge von gelben, roten und violetten Schnurschwämmen von einer Artenvielfalt, wie man sie in der Karibik nur noch in Jamaica antrifft.

Bewegen Sie sich vorsichtig im Bereich des Sandlochs, da der Sandgrund fein und locker ist. Am besten ist, wenn Sie sich wie die Höhlentaucher bewegen, indem Sie zwei Finger in den Sand stecken und sich nach vorne ziehen. Das ist besser, als die Flossen zu benutzen, mit denen man nur Sand aufwirbelt, der dann das Sand Chute und die Tunnel für die hinter Ihnen Kommenden eintrübt.

Im Kamin steigt man auf, indem man die Tarierweste aufbläst. Am oberen Ausgang muß man sich vorsichtig bewegen und vor allem auf sein Tauchgerät achten, damit nicht die dünnen Ränder der Plattenkorallen beschädigt werden, die halb über die Öffnung ragen.

Wenn Sie als erster Taucher zum Sand Chute gelangen, sollten Sie gleich die Tunnel und den Kamin untersuchen. Bestimmte Fische finden diesen Platz nämlich auch sehr wohnlich. Mit Glück stoßen Sie auf einen prächtigen Zackenbarsch oder einige Husarenfische, die hier vor sich hin dämmern, bevor sie den Tauchern Platz machen müssen.

5 Die Filmwracks

Typischer Tiefenbereich: 10 – 15 Meter
Typische Strömung: keine
Erfahrung: Anfänger
Zugang: per Boot

Das Drehbuch des James-Bond-Films „Never Say Never Again" verlangte nach einem Wrack. Man suchte und fand einen 34 Meter langen, spektakulären Frachter, der unter dem Namen „Tears of Allah" bekannt war. Er hat ein schön gerundetes, vorschiffs gelegenes Steuerhaus, einen kurzen Bug, eine lange, leicht zugängliche Kabine, einen breiten Hecküberhang und viele Luken – kurz: Er eignete sich vortrefflich als Wrack für den Film. Das Schiff war von der Regierung wegen Drogenschmuggels konfisziert worden. Nun wurde es mit Hilfe des Besitzers von Nassau Underseas Adventures, Stuart Cove, versenkt und für den Film präpariert.

Die „Tears of Allah" sitzt in fünfzehn Meter Tiefe aufrecht auf Sandgrund und ist schon von der Oberfläche aus gut zu erkennen. Von oben wirkt es klein, aber wenn man erst einmal unten ist, beeindruckt seine Größe. Nur wenn man als erster am Wrack ist, kann man Bilder ohne aufgewirbelten Sand vom Steuerstand machen,

Der Taucher späht in die große hintere Kabine der „Tears of Allah". Der Rumpf ist noch wenig bewachsen.

Im Gegensatz zu den älteren Wracks an der Nordseite von New Providence hat dieses stählerne Wrack noch keinen großen Bewuchs. Trotzdem ist ein Besuch an diesem im Flachwasser liegenden Wrack beeindruckend.

denn die meisten Taucher neigen dazu, eher kletternd als schwimmend durch die glaslosen Fenster in die Brücke hineinzugelangen. Die Algen, mit denen das Wrack bewachsen ist, halten viel Sand fest, den man leicht aufwirbelt. Als ambitionierter Unterwasserfotograf sollte man ein Modell mitnehmen und mit so wenig Tauchern wie nur möglich zu diesem Wrack hinausfahren. Es ist mit Abstand das fotogenste Wrack in diesem Bereich der Karibik. Und das ist nicht nur meine Ansicht, denn hier wurden drei Spielfilme für das Fernsehen sowie ein weiterer abendfüllender Kinofilm gedreht: „Wet Gold".

Wenn zuviel Sand aufgewirbelt worden ist, sollte man auf die Westseite wechseln und von dort zum Wrack zurückschauen. Etwa in Höhe der Schiffsmitte ragen die Überreste eines hölzernen Dingis aus dem Sand. Mit dem Weitwinkelobjektiv kann man die anmutigen Rundungen dieses Boots als Vordergrund nehmen und hat die

Silhouette des gesamten Wracks im Hintergrund, und dazwischen auf dem Sandgrund sieht man Dutzende von Sandaalen aus ihren Wohnröhren ragen.
Einige Meter weiter weg liegen die Überreste der Attrappe eines Flugzeugs, die für den Film „Thunderball" gebraucht wurde. Laut Drehbuch sollte ein mit Atombomben bewaffnetes Kampfflugzeug entführt und auf dem Meeresgrund verborgen werden. Die Attrappe wurde aus Stahlträgern und Fiberglas gebaut. Die Außenhaut ist lange verrottet, und übriggeblieben ist das Stahlgerüst, das wie ein riesiges Klettergerüst

Die Husarenfische sind nachtaktiv, was man an ihren übergroßen Augen unschwer erkennt. Normalerweise ziehen sie tagsüber den Schatten eines Korallenstocks oder eines Einschnitts im Riff als Standort vor.

Die Überreste der Flugzeugattrappe sehen aus wie das Klettergerüst auf einem Kinderspielplatz. Die Attrappe wurde für den Film „Thunderball" hier auf dem Sandgrund versenkt.

aussieht. Jeder Platz auf diesem Gerüst ist von Gorgonien und Weichkorallen in Beschlag genommen, so daß man sich wie im Treibhaus vorkommt.
Ein näherer Blick auf die Gorgonien lohnt sich. Große Federsterne klettern auf ihnen herum. An einer Seite des Gerüsts findet man den enormen Klumpen einer Hirnkoralle. In einer seitlichen Ausbuchtung an diesem Korallenkopf hat sich eine Seeanemone mit Tentakeln, die dicker sind als ein Daumen, breitgemacht. Die Fische hier werden regelmäßig angefüttert und sind sehr zahm.

6 20 000 Meilen

Typischer Tiefenbereich:	5 – 8 Meter
Typische Strömung:	keine
Erfahrung:	Anfänger
Zugang:	per Boot

Einer der Tauchplätze zwischen Clifton Wall und der Küste wird nach dem gleichnamigen Roman und Film „20 000 Leagues under the Sea" genannt.
Es handelt sich um einen Korallengarten im Flachwasser, der deutlich von den Gezeitenbewegungen geprägt ist: Korallenbestandene Dämme wechseln sich mit dazwischen verlaufenden, sandgefüllten Ablaufrinnen ab. Die Wände der Dämme sind bis zu drei Meter hoch, und die Rinnen winden sich zwischen ihnen in serpentinenartigen Mustern. Sie sind teilweise so eng, daß der Taucher Mühe hat, sich zwischen den hineinragenden Korallen hindurchzuwinden. Wenn man darin schwimmt, hat man den Eindruck, sich am Grund eines Canyons zu bewegen.

In den engen Löchern des flachen Tauchplatzes 20 000 Meilen wimmelt es von farbenprächtigen tropischen Fischen wie diesem Diadem-Kaiserfisch. Foto: H. Taylor

Obwohl das Tauchgebiet flach ist, wirkt sich die Dünung kaum aus. Das ruhige Wasser und die vielen kleinen Lebensformen, die man in den Spalten und Löchern findet, machen 20 000 Meilen zu einem idealen Platz für die Makrofotografie.

Die große Attraktion dieses Tauchplatzes sind die Fische. Kleine Riffische vieler Arten füllen die Höhlen, und die größeren – vor allem viele Nassau-Zackenbarsche – verbergen sich unter den Überhängen am Fuß der Dämme. Das Gebiet wird manchmal auch von Adlerrochen und großen Trauerrand-Zackenbarschen besucht.
Dieser Korallengarten umfaßt mehrere Hektar und verläuft bis hinaus zum Rand des Plateaus, an dem der Clifton Wall abfällt. Der Unterwasserfotograf sollte sich auf den Grund eines der Sandkanäle legen und nach oben fotografieren, wenn ein anderer Taucher über den Kanal hinwegschwebt. Wenn man die Seiten der Dämme und den Taucher mit dem Blitz ausleuchtet, erhält man eine Aufnahme, die an einer Steilwand entstanden zu sein scheint – nur daß alles viel heller und farbiger ist als in der Tiefe.

7 Porpoise Pens

Typischer Tiefenbereich:	12 – 28 Meter
Typische Strömung:	keine
Erfahrung:	Anfänger
Zugang:	per Boot

Dieser Tauchplatz liegt genau gegenüber der Gehege, in denen die Unterwassersequenzen für die TV-Serie „Flipper" gedreht wurden. Diese an das Ufer grenzenden Gehege sind noch intakt und wurden vor kurzem wieder benutzt, als die Unterwasserszenen für den Film „Cocoon" entstanden. Mit Flipper hatte seinerzeit Ric O'feldman trainiert, ein Taucher, Amateurforscher über Meeressäugetiere und zeitweise Filmemacher. Für „Cocoon" dagegen wurden mehrere Tümmler im Bereich der Exumas gefangen, und der Trainer kam aus einem der Delphinarien der Florida Keys. Porpoise Pens ist ein tiefer Tauchplatz und führt an einer Wand entlang, deren Kante etwa zwölf Meter tief liegt. Im Bereich zwischen 22 bis 25 Meter ist diese Wand am interessantesten. In dieser Tiefe bekommt man einen guten Eindruck von den Dimensionen der Wand. Unter den Flossen hat man die tintenblaue Tiefe. An der Wand hängt wie in einer unterseeischen Galerie ein Meisterwerk neben dem anderen: Eine

Der Tauchplatz liegt nur eine Strecke von den Gehegen entfernt, in denen die Unterwassersequenzen für die TV-Serie „Flipper" und den Kinofilm „Cocoon" gedreht wurden. Foto: H. Taylor

Eine prächtige Schwarze Koralle klebt an einem Auswuchs des Korallengesteins. Das Hornskelett dieser Tierkolonie wird zu Schmuck verarbeitet. Obwohl dies offiziell noch geduldet wird, sollte der umweltbewußte Taucher doch darauf verzichten. Denn der Rohstoff wird an seinen Tauchplätzen „geerntet", und es dauert lange Jahre, ehe eine Schwarze Koralle die hier abgebildete Größe erreicht hat.

ineinander verwachsene Tiefwasser-Gorgonie läßt an van Gogh denken, ein Fleckenteppich verschiedenfarbiger Krustenschwämme mutet an wie ein Bild von Jackson Pollock.
Obwohl Schmuck aus Schwarzen Korallen in vielen Geschäften auf New Providence verkauft wird, scheint dieser Teil des Riffs noch nicht ausgeplündert worden zu sein. Man findet im Tiefenbereich um 22 Meter mehrere große Büsche dieser Dörnchenkorallen, die mit ihrem schwarzen Hornskelett den Rohstoff des begehrten Schmucks liefern.
Achten Sie an diesem Tauchplatz sorgfältig auf Ihren Tiefenmesser. Man wird so leicht von der Fülle sehenswerter Dinge abgelenkt, beispielsweise den übergroßen Schwämmen, daß man das Bewußtsein der Tiefe verliert. Oder man verfolgt einen Nassau-Grouper und bemerkt dabei nicht, daß man noch weiter in die Tiefe vorstößt. Die Tauchbasen auf New Providence sind äußerst sicherheitsbewußt und vermitteln vor dem Tauchgang alle erforderlichen Informationen über den Tauchplatz. Das entbindet den Taucher aber nicht von seiner Eigenverantwortung. Dieser Tauchplatz kann auch von Anfängern besucht werden, weil er übersichtlich und unproblematisch ist. Wenn Sie sich aber hinsichtlich der Tiefe nicht sicher sind, sollten Sie immer in der Nähe des Tauchguides bleiben. Vom Sicherheitsgefühl einmal abgesehen, kann er Sie auch auf die bemerkenswerten Erscheinungen im Riff aufmerksam machen.

8 Cessna-Wrack

Typischer Tiefenbereich: 12 Meter
Typische Strömung: keine
Erfahrung: Anfänger mit Divemaster
Zugang: per Boot

Dieses Wrack ist ein weiteres Beispiel für die Kunstfertigkeit der Filmhandwerker, die die Tricks und Kulissen für die James-Bond-Filme schufen. Das Drehbuch für „Never Say Never Again" sah vor, daß Sean Connery eine Notlandung auf dem Wasser mit einem kleinen, zweimotorigen Flugzeug machen und sich dann aus dem Flugzeug retten sollte. Für die Unterwasserszenen wurde das Flugzeug im Flachwasser etwa hundert Meter vor der Clifton Wall versenkt. Es ist, wie man sich das schon denken kann, eine perfekt anzuschauende Wrackstelle. Die meisten Plexiglasfenster wurden entfernt, so daß man durch die offene Passagierluke hineinklettern und sich auf den Pilotensitz setzen kann.

Das Flugzeug liegt auf einer freien Sandfläche. Deshalb sollte man sich mit dem Fotografieren beeilen, falls man mit anderen Tauchern unterwegs ist, denn sehr leicht wird der Sand aufgewirbelt.

Zwischen der Wrackstelle und der Clifton-Wand breitet sich ein flaches Riff aus, das

Das zweisitzige Flugzeug ist eine Filmattrappe, die bei den Dreharbeiten für „Never Say Never Again" verwendet wurde. Für den Fotografen stellt es immer noch ein attraktives Motiv dar.

Ein kleiner Tunnel, gerade geräumig genug, daß ein Taucher ihn durchschwimmen kann, beginnt auf dem Riffdach unweit vom Cessna-Wrack und tritt in etwa 18 Meter Tiefe an der Clifton-Wand ins Freiwasser aus.

typisch ist für den Bereich vor dem Abbruch der Wand. Ein besonderer Anziehungspunkt ist ein Tunnel, der in 13 Meter Tiefe beginnt und an der Wand in 18 Meter Tiefe wieder ins Freie führt. In diesem Bereich der Wand findet man einige sehr große Schwammformationen, und am Rand des Dropoffs zwischen den einzelnen Korallenstöcken treiben sich immer einige Nassau-Zackenbarsche herum.

9 Pumpkin Patch

Typischer Tiefenbereich: 13 – 15 Meter
Typische Strömung: keine
Erfahrung: Fortgeschrittene
Zugang: per Boot

Wie das dichte Muster von Tauchstellen auf der Karte schon zeigt, kann man fast überall an der Clifton Wall hinuntertauchen und exzellente Bedingungen antreffen. Pumpkin Patch ist nur ein kleiner Abschnitt des Riffs, der sich besonders durch große, purpurfarbige Röhrenschwämme auszeichnet. Die von Bonaire mögen noch ein bißchen größer oder hübscher sein, das sei dahingestellt – jedenfalls erregen auch die von Pumpkin Patch die Bewunderung des Tauchers. Im Gebiet wimmelt es auch von Papageifischen, und die herrlichen Farben des Signal- oder des Königin-Papageifischs fügen der bunten Rifflandschaft eine weitere tropische Nuance hinzu.

Pumpkin Patch, benannt nach runden, kürbisförmigen Korallenformationen, liegt genau an der Riffkante. Wenn man hier den ersten Tauchgang des Tages unternimmt, kann man an der Wand bis in 24 Meter Tiefe gehen und dann über sich die Kaskaden von Plattenkorallen, Röhren- und Ohrschwämmen bewundern, die überall an der Wand ihren Platz gefunden haben. Hat man bereits eine gewisse Stickstoffsättigung

Die Stelle Pumpkin Patch wurde wegen der dort zu findenden kürbisförmigen Korallenformationen so benannt.

Wer glaubt, immense Schwammformationen fände man nur in der südlichen Karibik, etwa vor Bonaire, wird hier eines Besseren belehrt: Die Ausmaße dieser Röhrenschwämme werden im Größenvergleich mit dem Taucher deutlich.

erreicht, bleibt man im oberen Bereich der Wand, der ebenso interessant ist. Neben den Papageifischen sichtet man hier wunderschöne Zackenbarsche, ebenso Doktoren sowie die überall präsenten Gelbschwanz-Schnapper.

Wir konnten hier in Ruhe interessante Verhaltensstudien vornehmen. Ein Trompetenfisch „ritt" über einem Zackenbarsch, wie es das häufig beschriebene Tarnverhalten dieser Art ist. Der Zackenbarsch aber wollte sich an einer Putzerstation säubern lassen – und immer, wenn ein Putzerfisch in die Nähe des Zackenbarschs kam, saugte der Trompetenfisch ihn ein.

10 The Runway

Typischer Tiefenbereich: 9 Meter
Typische Strömung: keine
Erfahrung: Anfänger
Zugang: per Boot

Manche Taucher brauchen das Erlebnis, tief zu gehen, andere sind entzückt über flache Korallengärten, wieder andere über gut erhaltene Wracks. Bevor Sie Ihren Favoriten unter den Tauchplätzen von New Providence herausfinden, sollten Sie unbedingt am Platz The Runway getaucht haben. Hier gibt es keine großartige Unterwasserszenerie zu bestaunen, nur ein kleines, ovales Fleckriff mit einigen eher kümmerlichen Korallenstöcken, umgeben von puderigem, weißem Sand. Aufregend aber ist, was hier passiert.

Man hat den Eindruck, eine große Zahl von Feenbarschen, Lippfischen, Grundeln und anderen putzenden Fischen habe sich hier niedergelassen und betreibe jeweils eigene Putzerstationen. Größere Fische, die dieses Angebot beanspruchen wollen, kommen und kreisen ein Dutzend Mal über den Korallenstöcken, während die kleinen Gesellen die Copepoden und anderen Schmarotzer von ihrer Haut entfernen.

Aus nicht näher bekannten Gründen ist The Runway für die Amerikanischen Stechrochen zu einem Lieblingsplatz geworden. Es handelt sich hierbei um große Exem-

Barry wird der Barrakuda genannt, der hier seinen festen Platz hat und die Taucher unterhält, die auf die große Show mit den Amerikanischen Stechrochen warten.

Natürlich kann kein Basenleiter garantieren, daß die Stechrochen bei jedem Tauchgang am Platz The Runway auch pünktlich zur Stelle sind. Als wir hier tauchten, kamen sie nach wenigen Minuten herbei. Die Rochen sind normalerweise den Tauchern gegenüber recht scheu. Aber wenn sie geputzt werden, ignorieren sie die Taucher und schwimmen sogar auf Tuchfühlung an ihnen vorbei.

plare mit Spannweiten von zwei bis 2,5 Meter, also wirklich beeindruckende Tiere. Das Boot setzt die Taucher einige Meter vom Fleckriff entfernt ab, und diese lassen sich dann zum Grund sinken. Wenn keine Rochen am Platz sind, kann man mit Barry spielen, einem gut einen Meter langen Barrakuda, oder die Korallenspalten und -überhänge nach Muränen absuchen. Die Muränen sind hier nicht angefüttert, wie ausdrücklich betont werden soll, und haben unvorsichtige Taucher auch schon verletzt. Die Hauptattraktion des Platzes aber sind die Stechrochen, die von der Clifton Wall herübergeflattert kommen und über den Korallenstöcken kreisen. Der Eindruck, den ein so großer, in kurzer Entfernung vor der Maske vorbeischwebender Rochen macht, ist unvergeßlich. Sie kommen so nah, daß sie mit den „Flügeln" im Vorbeischwimmen sogar den Taucher berühren können, wie wir beobachtet haben.

11 The Buoy

Typischer Tiefenbereich: 9 Meter
Typische Strömung: keine
Erfahrung: Fortgeschrittene mit Divemaster
Zugang: per Boot

Gut – Sie haben schon alles gesehen. Sie waren auf Cayman, im Roten Meer, auf Truk Lagoon, auf Palau und Yap? Sicher, New Providence hat üppige Korallengärten und hübsche Fische, aber Sie suchen nach etwas, was Ihr Herz höher schlagen läßt? Dann wäre es bestimmt das Richtige für Sie, über der Tongue of the Ocean mitten in einer Schar Haie zu schwimmen!

Dies ist absolut keine Empfehlung für Menschen, die sich vor Haien fürchten. Die Tongue of the Ocean ist ein über drei Kilometer tiefer Tiefseegraben, der von Andros her kommt und südlich von New Providence endet. Er durchschneidet die Bahamas Bank in zwei Teile. Vor einigen Jahren verlegte die US-Navy eine ihrer Sonarbojen, mit denen die Ozeane überwacht werden, von Deer Island hinaus an einen neuen Platz über der Tongue of the Ocean. Diese Boje lockte einige kleine Fische

Hautnahe Begegnungen mit Haien sind für manche Taucher die Krönung. Wenn Sie auch dazu gehören, müssen Sie unbedingt den Tauchplatz The Buoy besuchen!
Foto: Stuart Cove

Im Gegensatz zu den Haifütterungen an bestimmten Plätzen, an denen der Guide dem Taucher einen Platz mit dem Rücken zum Riff zuweist und man sich nicht von der Stelle bewegen darf, kommt es hier für alle Beteiligten zu freien Begegnungen der hautnahen Art – und die Küste liegt drei Kilometer entfernt. Foto: Stuart Cove

an. Diese erzählten zwei Freunden von dem Platz, diese wiederum zwei Freunden und so weiter. Es dauerte nicht lange, bis die vielen kleinen Fische, die sich unter

der Boje versammelten, einige wirklich große angelockt hatten – eine Bande von Seidenhaien, zu denen sich gelegentlich auch einmal ein Hammerhai oder ein Makohai gesellt.
Stuart Cove von Nassau Undersea Adventures kennt den Platz schon seit einer Reihe von Jahren. Er fand das Erlebnis so aufregend, daß er beschloß, auch mit Gästen diese Stelle anzufahren.
Dieser Trip wird nicht für jedermann angeboten, etwa nach dem Motto: „Du bist kein Mann, wenn Du nicht den Anblick einiger Haie ertragen kannst!" Nur wenn sich eine Gruppe zusammenfindet, die wirklich derartige hautnahe Haibegegnungen haben möchte, fährt das Boot hinaus. Wer dieses Erlebnis sucht, wird es hier auf unvergeßliche Art finden.
Es gibt andere Plätze, an denen man mit Haien tauchen kann. Meist fahren die Tauchbasen hinaus zum Riff, lassen die Taucher im Schutz des Riffs Platz nehmen und ködern dann ein paar Haie herbei.
Hier aber gibt es kein Riff, an dem man Schutz suchen könnte. Man schwimmt in klarem, blauem Wasser, das unter dem Taucher drei Kilometer tief reicht. Und da Haie selten zu einer Party kommen, wenn sie nicht eingeladen sind, sorgt die Bootsmannschaft mit Anködern dafür, daß die Haie wissen: It's showtime! Dann kommen sie an – von kleinen, einen Meter langen, bis zu großen Exemplaren mit drei bis vier Meter Länge. Die Divemaster füttern die Haie in einem wilden Wirbel, und man kann so nahe an den Schauplatz herangehen, wie man nur möchte. Wir kamen uns dabei vor, als säßen wir in der ersten Reihe, um einen Feuerschlucker zu beobachten.
Dieser Tauchgang ist so sicher, wie ein derartiges Abenteuer eben sicher sein kann. Stuart Cove sagt, er sei in den letzten Jahren viele Dutzend Male an der Boje gewesen und habe Hunderte von Tauchern zu den Haien gebracht, ohne daß es jemals zu unvorhersehbaren Zwischenfällen gekommen sei. Die Seidenhaie können offenbar zwischen dem Köder und dem ihn reichenden Taucher sicher unterscheiden, jedenfalls wurde aus Versehen noch kein Finger abgebissen.
Natürlich ist das Verhalten der Haie immer unvorhersehbar, und wenn Sie die Befürchtung haben, daß die hautnahe Begegnung mit einer Freßmaschine von der Größe eines Ölfasses Sie erschrecken würde, dann sollten Sie sich Videos ansehen, ehe Sie buchen. Nassau Undersea Adventures hat einige hervorragende Videos von diesen Haibegegnungen, so daß man sich vorab im Tauchgeschäft vom Komfort und von der Sicherheit dieses Erlebnisses überzeugen kann, bevor man sein Ticket kauft. Andere Tauchbasen auf New Providence haben dieses „Spießrutenlaufen" aufgegriffen und bieten ebenfalls Ausfahrten zur Boje an. Obwohl sich dadurch die Zahl der Boote und Taucher am Platz vermehrt hat, ist bis heute noch nichts über Verletzungen oder gefährliche Zwischenfälle bekannt geworden, und die Haie scheinen das Spiel zu goutieren und kommen zum Dinner, wann immer sie eingeladen werden. In Goombay Magazine, dem Bordmagazin von Bahamas Air, wurde sogar ein Foto des bekannten Fotografen Rick Frehsee veröffentlicht, das eine Bikini-Schönheit zeigt, die einen kleinen Seidenhai über ihrem Kopf festhält. Bei all dieser Publizität wird das „Haie-Knuddeln" möglicherweise bald zu einer volkstümlichen Form von Aerobic-Übungen. Wir jedenfalls warten darauf, eine solche Szene als Krönung der Spannung im nächsten Fitness-Video von Jane Fonda zu sehen...
Im Gegensatz zu den meisten anderen hier vorgestellten Tauchplätzen liegt The Buoy im offenen Meer, und ebenfalls im Gegensatz zu den anderen Plätzen spielt

das Wetter eine entscheidende Rolle bei der Frage, ob man während seines Aufenthalts auf New Providence die Möglichkeit hat, dort zu tauchen. Auch bei schlechtem Wetter gibt es hier immer einige Plätze, an denen man auf der Leeseite ist. Aber The Buoy liegt völlig frei und ist jeder Wetterfront, jedem Sturm und anderen Wetterstörungen ausgesetzt. Sofern nicht tropische Tiefdruckgebiete vorüberziehen, pflegen jedoch Stürme und Regen in der Karibik kurzzeitige Erscheinungen zu sein. Da keine größeren Landmassen sie aufhalten, ziehen sie meist schnell vorüber und beeinträchtigen nur einen Tag oder höchstens zwei. Das Wetter ist am unberechenbarsten im Dezember und Januar, weil dann manchmal starke Hochdruckfronten von Nordamerika her über die Bahamas hinwegziehen, bevor sie sich auflösen. In den meisten anderen Monaten überwiegt das übliche, ruhige Tropenwetter.

Im Film wird immer gezeigt, wie Haie die Menschen jagen. Hier an The Buoy können Sie erfahren, wie es wirklich ist: Die Taucher jagen sozusagen die Haie.
Foto: Stuart Cove.

12 LCT-Wrack

Typischer Tiefenbereich: 3 – 6 Meter
Typische Strömung: keine
Erfahrung: Anfänger
Zugang: per Boot

Das LCT-Wrack war ein Erbstück aus dem Zweiten Weltkrieg, ein Landeboot, das nach dem Krieg als Fährboot Güter von und nach Exuma transportierte. Bei der Ausfahrt aus dem Hafen von Nassau begann es, Wasser zu nehmen. Die Crew setzte das Boot daraufhin auf Grund, damit man die Ladung bergen konnte. Dort an der Südwestseite von Athol Island liegt es heute noch.

Das Wasser steht über dem Dach des Steuerhauses nur knietief, und der Sandgrund ist etwa sechs Meter tief. Das Boot ist noch recht gut erhalten.

Obwohl flache, pontonförmige Landungsboote nicht gerade zu den aufregendsten Wracks gehören, ist dieses doch mit Vergnügen zu betauchen. Dies ist zum Teil auf

Im Schatten unter dem Heck sind die Korallen und Schwämme besonders gut entwickelt. Dort finden viele Fische und Wirbellose Schutz – hier eine Pfeil-Gespensterkrabbe.

Ein kistenförmiges Teil des Wracks, vielleicht ein Teil der Maschinenabdeckung, liegt einige Meter hinter dem LCT-Wrack. Das Metall ist vollkommen mit Schwämmen und Weichkorallen überkrustet. Im Inneren finden sich viele tropische Riffische.

die angesiedelten Venusfächer und Schnurschwämme zurückzuführen, zum Teil auch auf die hier vorhandenen großen Fische.
Decks und Luken sind reichlich mit Feuerkorallen besetzt, deshalb sollte man Schutzkleidung tragen und sich vorsichtig bewegen.
Die vordere Kajüte steht weit offen, und man sieht eine Kabelrolle am Boden liegen. Mit dem Licht, das durch klaffende Löcher in den Seitenwänden und im Dach hereinflutet, sowie unter Zuhilfenahme eines Blitzes kann man schöne Mischlichtaufnahmen machen. Auf einem der Schanzkleider an der Nordseite hat sich eine Hirnkoralle von der Größe einer Bowlingkugel entwickelt. Sie kann einen guten Vordergrund abgeben, wenn man mit einem Weitwinkelobjektiv das Deck ablichten will.
Hinter dem Boot in südlicher Richtung liegt ein großes, viereckiges, kistenartiges Wrackteil. Von hier aus kann man mit dem Weitwinkelobjektiv eine hübsche Übersichtsaufnahme der Wrackstelle anfertigen.
Schauen Sie auch auf dem Sandgrund unter dem Heck nach. Dort findet man immer eine schöne Auswahl an größeren und kleinen tropischen Fischen, versteckt in und zwischen den Schwämmen, Algen und Korallen, die sich dort im Schatten besonders üppig entwickelt haben. Die Schraube allerdings wird man dort nicht mehr finden!

13 Trinity Caves

Typischer Tiefenbereich:	14 Meter
Typische Strömung:	leicht
Erfahrung:	Fortgeschrittene
Zugang:	per Boot

Diese Höhlen liegen direkt nördlich des Club Med-Strands auf Paradise Island. Im Namen „Trinity", Dreieinigkeit, steckt die Zahl drei. Das ist insofern irreführend, als es sich tatsächlich um ein Quintett von Höhlen handelt. Zusätzlich zu den drei Hauptöhlen gibt es nämlich etwas weiter westlich noch zwei kleinere.
Das Riff besteht hier hauptsächlich aus Kalkstein mit üppigem Weichkorallenbe-

Große Zackenbarsche kommen im Bereich der Trinity Caves häufig vor. Größere Steinkorallenformationen sucht man hier vergebens, doch gibt es viele Weichkorallen, und die Höhlen und Überhänge sind mit Krustenschwämmen und Kalkalgen bewachsen.

Ein Karibik-Juwelenbarsch verharrt vor der fantastisch bewachsenen Wand der Trinity Caves. Er ist gerade im Farbwechsel begriffen. Wie Chamäleons können diese Juwelenbarsche ihre Färbung verändern und sich so gut ihrer Umgebung anpassen.

wuchs – vorwiegend Gorgonien und Venusfächer. Steinkorallen dagegen findet man kaum, abgesehen von einem großen Stock der seltenen Säulenkorallen. Röhrenwürmer haben sich auf den Felsen niedergelassen, die im übrigen mit Kalkalgen überzogen sind.

Man könnte diesen Tauchplatz auch als das „Sheraton der Langusten" bezeichnen, so zahlreich sitzen sie in den Höhlen und Ritzen. Wer aber glaubt, sich hier fürs Abendbrot bedienen zu können, irrt. Trinity Caves gehört zum Schutzgebiet, in dem das Harpunieren und Einsammeln jeglicher Art von Meeresleben verboten ist.

Die Höhlen sind im Inneren mit einem dicken Belag von Schwämmen und anderen inkrustierenden Lebewesen besetzt. Gruppen von purpurfarbigen und braunen Röhrenschwämmen, grünen Schnurschwämmen und Peitschenkorallen baumeln von den Seitenwänden und Decken herab.

In der Nähe der Höhlen kann man häufig große Fische sichten, Zackenbarsche beispielsweise, und auch Rochen mit zwei Meter Spannweite kommen nicht selten vor.

14 Wrack „Mahoney"

Typischer Tiefenbereich: 14 Meter
Typische Strömung: mittel bis heftig
Erfahrung: Fortgeschrittene
Zugang: per Boot

Die „Mahoney" umgibt ein Hauch von Geheimnis. Eines steht fest: Der Name dieses Schiffes war niemals „Mahoney", und keiner scheint zu wissen, warum das Wrack nun so heißt. Es handelt sich um ein 64 Meter langes Stahlschiff, das 1929 in einem Hurrikan sank. Dabei zerbrach es in zwei Teile, die nun etwa 90 Meter voneinander entfernt liegen.

Die Wrackteile wurden gesprengt, damit sie kein Schiffahrtshindernis darstellen. Deshalb sind keine Aufbauten oder hochragende Teile mehr zu finden.

Wenn die Tauchguides mit der Fütterung beginnen, sind im allgemeinen als erste die Großaugen-Makrelen zur Stelle. Diese großen, grimmig aussehenden Stachelmakrelen sind schnell, stark und aggressiv.

Obwohl das Wrack gesprengt wurde, damit es die anderen Schiffe nicht behindert, sind einzelne Teile der „Mahoney" unter den Inkrustationen immer noch gut zu erkennen.

Der Dampfkessel, der nun an der südwestlichen Seite des größten Bruchstücks liegt, ist bei der Sprengung intakt geblieben. Er ist dick mit Feuerkorallen bewachsen, vor denen man sich vorsehen soll, und für Fotografen ein interessantes Motiv. Aber auch die Fische sind hier ein paar Fotos wert. Sie sind angefüttert und deshalb etwas zutraulicher als an vielen anderen Stellen rund um die Insel.
Das Substrat um die „Mahoney" herum ist mit Gorgonien und anderen Weichkorallen bewachsen.
Getaucht wird an der „Mahoney" üblicherweise nur bei Gezeitenwechsel, da sonst eine starke Strömung am Wrack ansteht. Insbesondere bei einsetzender Ebbe macht sie sich hinderlich bemerkbar.

15 Thunderball Reef

Typischer Tiefenbereich: 8 Meter
Typische Strömung: leicht
Erfahrung: Anfänger
Zugang: per Boot

Dieses Riff haben Sie zweifellos schon gesehen – hier spielt die Harpunen-Szene aus dem Film „Thunderball". Dennoch ist es interessant, einmal persönlich an der Stelle zu tauchen. Das Riff besteht hier aus einer Ansammlung von Fleckriffen mit zahlreichen Hirn- und Sternkorallenstöcken. Es ist lang und schmal und verläuft rechtwinklig zu New Providence in nordsüdlicher Richtung.

Die Ausdehnung des Thunderball-Riffs beträgt etwa 90 mal 30 Meter. Die Spitzen der Korallenstöcke reichen bis zu drei Meter unter die Wasseroberfläche, so daß hier auch ein ausgezeichneter Schnorchelplatz ist. Horden kleiner Riffische bevöl-

Das Thunderball-Riff liegt direkt vor Athol Island und war der Schauplatz für einige Szenen aus dem gleichnamigen James-Bond-Film. Foto. H. Taylor

Das Thunderball-Riff gehört zu den landschaftlich interessantesten Flachriffen um New Providence herum. Ein Gewirr von Elchhornkorallen schafft Unterschlupfe für zahlreiche Riffische sowie einige Langusten. Da dieses Riff im Bahamas Marine Park liegt, genießen alle hier lebenden Tiere absoluten Schutz. Foto: H. Taylor

kern die Überhänge und Einschnitte am Fuß der Stöcke, und nachts findet man hier auch Langusten.
Der nicht tief gelegene Sandgrund reflektiert das einfallende Licht, und wegen der vielen Fische und Wirbellosen kann man sich hier der Makrofotografie widmen. Wenn man aufmerksam in den Einschnitten und um die Schwämme herum sucht, kann man winzige, transparente Geister-Garnelen finden, die kaum groß genug sind, um das Makrorähmchen für den Maßstab 1:1 auszufüllen.

16 Wrack „Alcora"

Typischer Tiefenbereich: 30 Meter
Typische Strömung: leicht
Erfahrung: Fortgeschrittene bis sehr versierte Taucher
Zugang: per Boot

„Wrecking", das Bergen der Güter von Schiffen, die zahlreich auf die Flachriffe aufliefen, war in früheren Tagen die erste und wichtigste Beschäftigung auf den Bahamas. Es halten sich heute noch Geschichten, daß die Wrecker in jenen Tagen nicht davor zurückschreckten, die Position der Warnlichter zu verändern, um das Navigieren in den mit Untiefen durchzogenen Gewässern rund um New Providence noch riskanter zu machen.

Obwohl dieses „Geschäft" im 19. Jahrhundert zum Erliegen kam, scheint es nun mit dem Aufstieg des Tauchens eine Art Comeback zu erleben. Allerdings sind die Zwischenfälle heute nicht ernsthafter Natur, da alle „Opfer" alte, aus dem Verkehr gezogene Schiffe sind, und alles, was von ihnen erbeutet werden kann, sind ein interessantes Erlebnis und Fotos davon. Als „Wrecker" betätigen sich heute die Leiter der Tauchbasen. Sie haben dafür gesorgt, daß hier einige der schönsten Wracks in der Karibik auf die Taucher warten. Das „Never Say Never Again"-Wrack auf der Südseite gehört dazu, aber auch die „Alcora".

Dieses 40 Meter lange Schiff wurde von der bahamesischen Regierung konfisziert und der Tauchbasis Sun Divers zur Verfügung gestellt. Die einzige Bedingung war,

Einst von Drogenschmugglern zum Transport ihrer Konterbande genutzt, trägt die „Alcora" nun eine Ladung marinen Lebens. Das Schiff wurde vor dem Versenken von Ölrückständen gereinigt, und die Luken und Glasfenster wurden entfernt.

es an einer Stelle zu versenken, an der es für die Schiffahrt nicht gefährlich werden kann.

Diese Gefahr besteht nun wirklich nicht, denn die „Alcora" liegt so tief, daß das Deck 25 Meter unter Wasser ist. Obwohl das Wrack tief liegt, ist es überwältigend. Es sitzt aufrecht auf einem Sandgrund und ist von einzelnen niedrigen Korallenstöcken umgeben.

Die Luken stehen offen, und man kann durch die beiden großen Laderäume im Vorschiff und mittschiffs schwimmen. Will man auch den Maschinenraum inspizieren, muß man eine Lampe mitführen.

Das Wasser über dem Wrack ist häufig etwas eingetrübt. Wenn man hinabtaucht, sieht man deshalb zuerst nichts als verschleiertes Blau. Wenn man tiefer kommt, heben sich langsam die Umrisse des Schiffs hervor und bilden einen riesigen Schatten, der in die Tiefe lockt. Wie in einer Geisterbahn ist es ein wenig gruselig, bis dann das Wasser direkt über dem Wrack klar wird und man den gesamten Rumpf überblickt, der aufrecht und wie unberührt auf dem Grund steht.

Grundsätzlich fahren die Tauchbasen nur zur „Alcora" aus, wenn sie eine ausreichend große Gruppe erfahrener Taucher haben, die einen solchen Tauchgang unternehmen können. Man sollte deshalb gleich bei seiner Anmeldung sein Interesse kundgeben, damit die Tauchbasis bei der Zusammenstellung einer qualifizierten Gruppe interessierte Taucher mit einplanen kann.

Franzosen-Kaiserfische gehören zu den Dutzenden von Arten, die das Wrack der „Alcora" bewohnen. Da die Luken, Türen und Glasfenster vor dem Versenken entfernt wurden, kann das Schiff sicher betaucht werden. Es ist zu den besten betauchbaren Wracks in der Karibik zu zählen.

17 Balmoral Island

Typischer Tiefenbereich:	3 Meter
Typische Strömung:	leicht
Erfahrung:	Anfänger
Zugang:	per Boot oder vom Strand aus

Balmoral Island wird nicht von jeder Tauchbasis angefahren, aber einen Halbtagsausflug dorthin zum Schnorcheln können Sie auch auf eigene Faust unternehmen. Vor allem für Neulinge in der Unterwasserwelt und für Kinder bietet das Gebiet höchst interessante Erlebnisse mit Maske und Flossen.

Die Insel liegt der Goodman's Bay vorgelagert, direkt nördlich des Cable Beach Hotel in Cable Beach. Balmoral Island ist ein Glied in einer Reihe von Barriereinseln, die sich über dem Außenriff an der Nordküste von New Providence erheben. Es hat also eine seewärtige und eine landwärtige Seite, an der sich eine Art Lagune erstreckt. Selbst wenn das Meer rauh ist, findet man meistens eine Leeseite, die vor den Wellen geschützt ist. Es gibt nur eine Ausnahme, nämlich bei direktem Ostwind, der die Wellen auf beiden Seiten der Insel entlangdrückt.

Balmoral liegt ein gutes Stück von der Küste entfernt, weshalb man ein Boot benötigt. Entweder findet man ein Wasserskiboot, von dem man dort abgesetzt und

Balmoral Island gehört zu einer Kette von Inseln, die auf dem Außenriff aufbauen und sich vor der Nordküste von New Providence erstrecken. Man kann den Verlauf des Außenriffs auf diesem Foto gut erkennen. Dort läuft die Brandung auf, und das Tiefblau des Wassers wandelt sich über dem Flachriff ins Türkisfarbige.

Das kristallklare, flache Wasser rund um Balmoral Island ist ideal geeignet für einen Schnorchelausflug. Auf der Nordseite der Insel findet man zahlreiche tropische Fische wie diesen Igelfisch. Vor allem Kinder genießen es, mit Maske und Schnorchel einen ersten Blick in die Unterwasserwelt zu werfen. Nützlich ist es, sie hierfür auch mit Handschuhen auszurüsten, denn gerade Unerfahrene neigen dazu, sich irgendwo festzuhalten oder nach Dingen zu greifen, die möglicherweise nesseln oder scharfkantig sind. Wenn es schwierig sein sollte, Handschuhe in Kindergrößen zu bekommen, erfüllen notfalls auch die übergroßen Handschuhe der Erwachsenen diesen Zweck. Foto: H. Taylor

wieder abgeholt wird, oder man mietet sich für einen halben Tag ein kleines Boot. Anlegen sollte man an der Südseite, die zur Küste hinüberblickt, und dann zu Fuß über die Insel zur Seeseite gehen.

Das Riff liegt direkt vor der Insel. Es besteht hauptsächlich aus Kalkgestein mit relativ wenig lebenden Korallen. Die Felsen auf der rückwärtigen Seite des Riffs beherbergen ein unglaubliches Aquarium voller kleiner tropischer Fische, unter denen man die ganze Bandbreite der karibischen Arten finden kann.

Nehmen Sie zu diesem Ausflug ein Lunchpaket mit, und genießen Sie die Abgeschiedenheit und Ruhe. Sehr wenige der Millionen Touristen Nassaus schaffen es jemals, auf dieses wunderschöne, winzige Eiland zu gelangen, das ein Stück Tropenwelt im kleinen darstellt.

5

Gefährliche Meerestiere

Wenn man um New Providence herum taucht, muß man nur wenige Gefahren befürchten. Es reicht aus, wenn man die in der Karibik üblichen Vorsichtsmaßnahmen berücksichtigt, aber selbst die notorischen Diadem-Seeigel, die sich im Flachwasser um viele Inseln herum befinden, sind hier kaum vertreten.

Seeigel: Diese kleinen, langstacheligen Gesellen sehen wie kunstvoll bestreute Nadelkissen aus. Sie sind ein wichtiger Bestandteil der Lebensgemeinschaft am Riff und grasen Algen ab. Durch dieses Abgrasen der Algen, die sich auf den Korallen ansiedeln und die Polypen am Fressen hindern, tragen sie zur Gesunderhaltung der Korallen bei.

Wenn man auf einen Seeigel faßt oder sich versehentlich daraufsetzt, dringen die Stacheln in die Haut ein und brechen ab. Gewöhnlich reagiert man darauf nur mit Schmerz und einer kleinen Schwellung, aber es gibt auch Menschen, die empfindlicher reagieren. Nach ein paar Tagen lösen sich die Stachelspitzen von selbst auf. Wenn sie sehr störend sind, kann man auch versuchen, sie wie einen Holzsplitter mit einer Nadel herauszupulen.

Das Spielen mit Skorpionsfischen ist eine absolute Unsitte. Der Taucher auf dem Foto riskiert, von den Rückenflossenstrahlen gestochen zu werden, die ein starkes Gift injizieren können.

Feuerkorallen: Die häufigste Gefahr ist auch am leichtesten zu vermeiden. Feuerkorallen sind keine eigentlichen Korallen, sondern nahe Verwandte der Quallen. Sie überwachsen die Skelette der Gorgonien, überziehen Metallgegenstände und bilden manchmal auch blattartige Formen, die sich aufrecht auf dem Substrat erheben. Wenn man mit der ungeschützten Hand eine Feuerkoralle berührt, injizieren kleine Nesselzellen, die Nematocysten, eine beißende Chemikalie in die Haut. Das schmerzende und brennende Gefühl sowie die Schwellung können mehrere Tage anhalten. Die meisten Probleme mit Feuerkorallen haben unerfahrene Schnorchler oder Taucher, die sie nicht kennen. Aber auch erfahrene Taucher können sie versehentlich berühren. Am LCT-Wrack beispielsweise finden sich besonders viele Feuerkorallen. Wenn man genesselt wird, kann man die Stelle mit einer Hydrocortison-Salbe behandeln. Bewährt zur Linderung hat sich auch das Auftragen von Fleisch-Weichmachern.

Skorpionsfische: In der Karibik gibt es einige Arten aus der Familie der Scorpaenidae, die hier „stonefish" genannt werden. Der Name ist zutreffend – sie sehen wie algenbewachsene Felsbrocken aus. Gewöhnlich liegen sie regungslos am Boden. Deshalb muß man sorgfältig untersuchen, wo man sich niederläßt, damit man nicht versehentlich auf einen tritt. Die vorderen Rückenflossenstrahlen der Skorpionsfische können ein äußerst wirkungsvolles Gift injizieren.

Muränen: In den Riffen um New Providence herum gibt es einige gigantische Grüne Muränen. Wie die meisten anderen Lebewesen im Meer sind sie nicht wirklich ge-

Die Feuerkorallen ähneln äußerlich stark den Steinkorallen. Man findet sie als inkrustierende Formen auf Wracks, Felsen oder sogar Gorgonien. Sie bilden aber auch aufrecht stehende, plattenartige Formen. Vor den Feuerkorallen muß man sich in acht nehmen, denn sie können schmerzhaft nesseln und Schwellungen verursachen. Foto: H. Taylor

fährlich, sofern man sie nicht bedrängt. Natürlich sollte man nicht unbedacht seine Hand in dunkle Spalten oder unter Überhänge des Riffs stecken – es könnte sonst sein, daß man eine Muräne in ihrem Unterschlupf stört, die sich dann natürlich verteidigt und zubeißt. Wenn Sie also eine Muräne sehen, bewundern Sie sie besser aus respektvoller Entfernung, und falls sie sich zum Rückzug entschließt, sollte man sie in Ruhe lassen. Viele Muränen sind auch angefüttert. Aber dieses „Geschäft" sollten Sie den Tauchguides überlassen.

Haie: Haie gibt es überall. An einigen Plätzen aber gibt es weniger als anderswo, und New Providence gehört dazu. Es ist nicht sehr wahrscheinlich, daß Sie in den Flachgewässern vor der Nord- und Südküste andere Haie als Ammenhaie zu Gesicht bekommen. Größere, pelagische Haie wie Hammerhaie gibt es an den etwas weiter draußen gelegenen Plätzen an der Südseite von New Providence. Das Harpunieren mit Tauchausrüstung ist hier grundsätzlich verboten, so daß der Taucher nicht vor herumstreunenden Haien auf der Hut sein muß, die leichte Beute suchen.

Rochen: Um New Providence herum gibt es eine ganze Zahl von Rochen, insbesondere Amerikanische Stechrochen. Früher nannten die Seeleute sie abergläubisch „Teufelsfisch", aber teuflisch sind sie in keiner Weise. Wie die Steinfische liegen sie meist regungslos auf dem Sandgrund, häufig auch halb unter dem Sand vergraben. Natürlich lieben sie es nicht, wenn man auf sie tritt oder sie stört. Der scharfe Stachel an der Schwanzwurzel kann sehr tiefe und schmerzhafte Wunden verursachen, die außerdem wegen der Wundinfektion schwer heilen. Ein Taucher, der versehentlich auf einen Stechrochen trat und am Bein verletzt wurde, hatte so große Schmerzen, daß er keinen anderen Ausweg mehr sah als sich zu erschießen.

Die Borstenwürmer werden zutreffend auch „Feuerwürmer" genannt. Die Berührung mit ihren Borsten verursacht ein starkes Brennen ähnlich wie bei den Feuerkorallen. Behandeln sollte man die sich bildende Schwellung mit einer Hydrocortison-Salbe. Foto: H. Taylor

Die Stechrochen besitzen an der Basis des Schwanzes einen scharfen, gezackten Stachel. Sie sind von Natur aus scheu und werden nur zur Gefahr, wenn man versehentlich auf sie tritt, da sie oft halb im Sand vergraben liegen, oder in die Enge treibt.

6

Sicherheitsratschläge

Die Tauchbasen auf New Providence sind sehr sicherheitsbewußt. Sie unterstützen ihre Gäste in jeder Weise, wenn es darum geht, sicherer und mit Spaß zu tauchen. Letztendlich aber ist jeder Taucher für seine Sicherheit selbst verantwortlich. Beachten Sie die Hinweise der Tauchguides und Instruktoren, und befolgen Sie ihre Anweisungen. Halten Sie sich auch bei jedem Tauchgang an den geplanten Verlauf. Wenn Sie sich über den Gebrauch der Tauchtabellen oder -computer nicht im klaren sind, sollten Sie um Hilfe bitten.

Druckkammern: Diese Information über Druckkammern ist unverbindlich. Da sich die Einsatzbereitschaft und die Adressen der Druckkammern ändern können, sind wir für die Richtigkeit nicht verantwortlich. Erkundigen Sie sich nach dem aktuellen Stand, bevor Sie Ihre Tauchreise antreten, und notieren Sie die Adressen an einem leicht zugänglichen Platz, beispielsweise in Ihrem Logbuch.

Die nächste Druckkammer für den Notfall steht auf Grand Bahama. Die nächste Kammer mit voller Behandlungsmöglichkeit ist eine Flugstunde entfernt in Miami. Im Fall eines Unfalls können Sie sich an zwei Telefonnummern wenden. Die erste ist Bahamas Air Sea Rescue (BASRA), Telefon (809) 322-3877 oder 325-3743. Die zweite ist DAN, siehe unten.

DAN, das **Diver's Alert Network,** unterhält eine **Hotline mit Bereitschaft rund um die Uhr: (919) 684-8111**. Über diese können Taucher und Ärzte medizinische Ratschläge zur Behandlung von Tauchunfällen erhalten. Viele Allgemeinmediziner verfügen nicht über Spezialkenntnisse zur Behandlung von Tauchunfällen. Wenn Sie oder Ihr Partner wegen eines Tauchunfalls medizinische Behandlung benötigen, ist sehr zu empfehlen, daß der behandelnde Arzt Kontakt zu DAN aufnimmt. Dort hat er einen Facharzt am Apparat, der ihn gezielt beraten kann. DAN verfügt auch über die aktuellen Informationen und Telefonnummern der nächstgelegenen Druckkammern, die für die Behandlung von Sporttauchern gerüstet sind.

DAN ist eine öffentlich geförderte, gemeinnützige Gesellschaft. Die Mitgliedschaft kostet jährlich US-$ 15, worin das DAN Underwater Diving Accident Manual eingeschlossen ist, das die Symptome und Erstbehandlungsmethoden der wesentlichen mit dem Tauchen verbundenen Erkrankungen behandelt. Außerdem erhalten die Mitglieder die Zeitschrift Alert Diver, in der tauchmedizinische und Sicherheitsfragen diskutiert werden. Für US-$ 25 können DAN-Mitglieder eine Versicherungspolice erhalten, die im Falle eines Tauchunfalls Krankenhausaufenthalt, Lufttransport und Behandlung in der Druckkammer abdeckt. Dies ist deshalb wichtig, weil viele Krankenversicherungen die spezielle Behandlung von Tauchunfällen nicht beinhalten.

Die Adressen von DAN lauten: Divers Alert Network, Box 3823, Duke University Medical Center, Durham, NC 27710, Telefon (919) 684-2948; DAN Europe Deutschland, Eichkoppelweg 70, 24119 Kronshagen, Telefon 0431 / 54 98 61 (montags und donnerstags von 19 bis 21 Uhr).

Anhang:

Tauchbasen auf New Providence

Die Tauchbasen, die örtlich auch „diving operators" genannt werden, bieten jeweils umfassende Serviceleistungen: Grund- und Spezialkurse, Ausrüstungsverleih- und -verkauf, Tauchausfahrten und gegebenenfalls Vermittlung von Tauchkreuzfahrten. Die folgende Liste entspricht dem Stand bei Drucklegung.

Aktuelle Information erteilt in Deutschland:
Bahamas Tourist Office, Leipziger Str. 67d, 60487 Frankfurt,
Tel. 069 / 97 08 340, Fax 069 / 97 08 34 34.
In Florida: Bahamas Ministry of Tourism, 255 Alhambra Circle, Coral Gables, FL 33134, Tel. (305) 442-4869.

Bahamas Divers
P.O.Box 5004
Nassau, Bahamas
(809) 393-3431

Dive Dive Dive, Ltd.
P.O.Box N8050
Nassau, Bahamas
(809) 362-1401 oder (809) 362-1143

Nassau Undersea Adventures
P.O.Box CB 11697
Nassau, Bahamas
Aero International Tours in USA (800) 468-9876 oder (305) 359-3066
Tel. auf New Providence: (809) 362-4171

Peter Hughes Dive South Ocean
Divi Resorts
54 Gunderman Rd.
Ithaca, NY 14850
Divi Resorts Reservation Line in USA: (800) 333-3484
Tel. auf New Providence: (809) 362-4391

Sun Divers
P.O.Box N10728
Nassau, Bahamas
(809) 325-8927

Index

Aale 76
Adlerrochen 49
Albury, Lambert 25
Anemone 47
Angelbestimmungen 29, 65
Athol Island 24, 62
Bahamas
  Druckkammern 78
  Einkaufen 19
  Einreisevorschriften 16
  Einstufung für Taucher und
    Tauchplätze 10, 32
  Geschichte 20
  Hotels 17
  Klima 61
  Notfallservice 78
  Reisedokumente 16
  Tourismus 12, 20, 21
  Währung 19
Bahamas Air 16
Bahamas Air Sea Rescue
  (BASRA) 78
Bahamas Bank 15
Bahamas Divers 24
Bahamas Marine Park 28
baja mar 12
Barrier Islands 72
Blauer Doktorfisch 37
Blaurücken-Makrele 37
Bond, James 22, 52
Borstenwurm **76**
Cable Beach 16
Club Med 64
„Cocoon" 22, 50
Coral Harbour Hotel 18
Cove, Stuart 5, 26
Diadem-Kaiserfisch **48**
Diamanten-Blenni 37
Dive Dive Dive 18, 26
Diver's Alert Network (DAN) 78
Divi Bahamas Beach Resort &
  Country Club 17, 26
„Dr. No" 22
Dreifarben-Kaiserfisch 37
Dreitupfen-Juwelenbarsch 37
Fächerkoralle 63
Falterfisch 37
Federstern **24**
Feuerkoralle 63, 67, 75
Feuerwurm 76

Filme 22
Fleckriff 77
„Flipper" 22, 50
Flossen 28
Flossenfleck-Falterfisch 37
Fluggesellschaften 16, 17
Franzosen-Kaiserfisch 37, **71**
Gefährliche Meerestiere 74
Gelbschwanz-Schnapper 37,
  40, 41
Genasi, J. P. 5, 26
Gespensterkrabbe 69
Goodman's Bay 72
Gorgonien **23**, 47
Goulding Cay 26, 27
Großaugen-Makrele **66**
Grundeln 37
Grunzer 37
Haie 36, **58**, **59**, **61**, 76
Hammerhai 76
Harpunieren 8, 76
Hirnkoralle 47
Husarenfisch 37, **43**, **46**
Karibik-Juwelenbarsch 36, **65**
Königs-Feenbarsch 37
Kreuzfahrtschiffe 16
Kugelfisch 73
Langusten 65, 69
Lowe, Danny 17
Lowe, Judy 17
Lyford Cay 26
Marmor-Zackenbarsch 36
Muränen 76
Nassau Undersea Adventures
  5, 17, 26, 39, 44, 60
Nassau-Zackenbarsch 36, **40**,
  49
„Never Say Never Again" 8,
  22, 44
New Providence Island 8, 12,
  22, 30
Orange Hill Inn 17
Paradise Island 17, 20, 24
Peitschenkorallen 65
Peter Hughes Dive South
  Ocean 18, 26, 27
Pfeil-Gespensterkrabbe **62**
Piraten 21
Restaurants 18
Riffbarsch 37

Riffschutz 28
Rochen **27**, 49, 56, **57**, 65,
  76, **77**
Röhrenwürmer **36**, **55**, **65**
Schwämme **23**, **31**, **35**, **43**,
  63, 65
Schwarze Koralle **51**
Schweinsfisch **11**, 37
Schweinsgrunzer 37
Seegurken **37**
Seeigel 74
Sicherheitsratschläge 74
Spatenfisch 37
„Splash!" 22
Sun Divers 24, 25, 70
Sweeting, Steve 25
Tarieren 28
Tauchbasen und -boote 22, 79
Tauchplätze
  Balmoral Island **72**
  Cessna-Wrack **52**
  Clifton Wall 23, 26, 34, 35,
    36, 37
  Die Filmwracks 44
  LCT-Wrack **25**, **62**, **63**, 75
  Porpoise Pens 50
  Pumpkin Patch 54
  The Buoy 58
  The Runway 56
  The Sand Chute 42
  Thunderball Reef 10, 68
  Trinity Caves 64
  Will Laurie Wall 40, **41**
  Wrack „Alcora" 70, 71
  Wrack „Mahoney" 66, **67**
  Wrack „Will Laurie" **38**, **39**
  20 000 Meilen 48
  „Tears of Allah" **44**
  „Thunderball" 10, 22, 46, 47
Tiefwasser-Gorgonie 23
Tiger-Zackenbarsch 36, 37
Trauerrand-Zackenbarsch 35,
  49
Trompetenfisch 37
Unterwasserfotografie 26, 27,
  37, 63, 69
„Wet Gold" 22, 44
Windsurfen 13, 27
Zackenbarsche 36, 37, **40**,
  49, **64**, 65

Fett gedruckte Seitenzahlen verweisen auf Abbildungen.